ANDREW FARLEY
Das nackte Evangelium

ANDREW FARLEY

Das nackte Evangelium

Jesus pur.
100 % natürlich.
Ohne Zusatzstoffe.

Die Originalausgabe erschien im Verlag Zondervan, Grand Rapids, Michigan, USA,
unter dem Titel »The Naked Gospel«
© 2009 by Andrew Farley
© der deutschen Ausgabe 2012 by Grace today Verlag, Schotten

Aus dem Amerikanischen übersetzt von Bettina Krumm

Die Deutsche Nationalbibliothek verzeichnet diese Publikation in der Deutschen
Nationalbibliografie; detaillierte bibliografische Daten sind im Internet über
http://dnb.d-nb.de abrufbar.

Bibelzitate, sofern nicht anders angegeben, wurden der Schlachter Bibelübersetzung
entnommen. Bibeltext der Schlachter, Copyright © 2000 Genfer Bibelgesellschaft.
Wiedergegeben mit freundlicher Genehmigung. Alle Rechte vorbehalten.
*Hervorhebungen einzelner Worte oder Passagen innerhalb von Bibelstellen
wurden vom Autor vorgenommen.*

ELB   Revidierte Elberfelder Bibel © 1985, 1991, 2006,
      SCM R.Brockhaus im SCM Verlag GmbH & Co. KG, Witten.
HFA   »Hoffnung für alle« ®, Copyright © 1983, 1996, 2002 by Biblia, Inc.™. Verwendet mit
      freundlicher Genehmigung des Brunnen Verlags Basel.
LUT   Lutherbibel, Revidierte Fassung von 1984,
      Copyright 1985 Deutsche Bibelgesellschaft Stuttgart.
NEÜ   Neue evangelistische Übersetzung. Copyright © Karl-Heinz Vanheiden.
NGÜ   Neue Genfer Übersetzung - Neues Testament und Psalmen, Copyright © 2011
      Genfer Bibelgesellschaft. Wiedergegeben mit freundlicher Genehmigung.
      Alle Rechte vorbehalten.
NLB   Bibelübersetzung »Neues Leben«, Copyright © 2006, SCM R. Brockhaus im
      SCM-Verlag GmbH & Co. KG, Witten.

Umschlaggestaltung: spoon design, Olaf Johannson
Umschlagbild: © Tom Tomczyk, Shutterstock.com
Illustrationen: Shutterstock.com
Lektorat: Barbara Trebing, Gabriele Pässler, Gerald Wieser
Satz: Grace today Verlag
Druck: CPI – Clausen & Bosse, Leck
Printed in Germany

2. Auflage 2013

ISBN 978-3-943597-15-8, Bestellnummer 371 715
Dieser Titel ist auch als eBook erschienen.

www.gracetoday.de

Für meinen Sohn Gavin – eine Landkarte.
*Ja, es ist **wirklich** so gut.*
Sogar noch besser, als ich es beschreiben kann.
Genieße das Neue, freu dich an ihm!
Junge, was bin ich stolz auf dich.

INHALT

Das nackte Evangelium enthüllt, welches
Evangelium unser Herr und seine Apostel gepredigt
haben, welche Zusätze und Veränderungen später
daran vorgenommen wurden und den Nutzen
und Schaden, der dadurch entstand.

Arthur Bury, 1691

Arthur Burys Buch **The Naked Gospel**
(Das nackte Evangelium) wurde von der Kirche
seiner Zeit verbrannt.

Warnhinweis

Das echte, nackte Evangelium ist viel besser, als uns bewusst ist. Dennoch ein Wort der Warnung: Vielleicht pfefferst du dieses Buch ärgerlich in eine Ecke; vielleicht hebst du es aber auch voller Neugier wieder auf; vielleicht schüttelst du frustriert den Kopf und fragst dich: »Wie kann das bisher alles an mir vorbeigegangen sein?« oder auch: »Spinnt der?«

Ich weiß, wenn es um den christlichen Glauben geht, begnügt man sich lieber mit allgemeinen Aussagen. Es ist riskant, Stellung zu beziehen und Diskussionen heraufzubeschwören. Aber vielleicht ist dir schon einmal aufgefallen, dass ein Großteil des Neuen Testaments geschrieben wurde, um Missverständnisse und falsche Lehren aus der Welt zu schaffen. Absolutheitsansprüche und sogar theologische Haarspaltereien gehören zu einem gesunden Gemeindeleben anscheinend dazu.

Die heutigen Christen sind dankbar für Jesus und den Himmel. Manche von uns rennen in die Kirche, sobald sich ihre Türen öffnen. Manche hören sich jedes Jahr Hunderte von Predigten an. Andere können zig Bibelstellen auswendig aufsagen. Und wieder andere haben sogar mehrere theologische Titel und Abschlüsse vorzuweisen.

Doch trotz unserem Eifer sind viele von uns dem Evangelium gegenüber immer noch eher apathisch als begeistert. Aber vielleicht gibt es eine Antwort auf unsere tiefe Sehnsucht nach mehr Leidenschaft in unserem Leben als Christ.

Ist *diese* Art von Christsein – die aus Apathie Begeisterung macht – zu schön, um wahr zu sein? Ich denke eher, sie ist die einzige, die biblisch ist. Doch das bekommt man in der Gemeinde anscheinend so gut wie nie zu hören.

> In vielen Gemeinden gibt es heutzutage viel zu viel oberflächliches Kauderwelsch, irreführende Begrifflichkeiten und platte Antworten.

In vielen Gemeinden gibt es heutzutage viel zu viel oberflächliches Kauderwelsch, irreführende Begrifflichkeiten und platte Antworten. Egal, wie oft wir das hören oder wie unterhaltsam wir es finden, es bringt uns keine echte, bleibende Erfüllung. Meiner Meinung nach gibt es nur eine einzige Botschaft, die echte und nachhaltige Veränderung bringt: Das *nackte* Evangelium.

Eine Einladung

Früher dachte ich, ich wüsste alles über den christlichen Glauben, aber erst vierzehn Jahre, nachdem ich Christus angenommen hatte, begann ich zu begreifen, was wirklich Sache ist. Damit meine ich nicht eine nochmalige Errettung oder einen »zweiten Segen«. Ich spreche von einer Rückkehr zum Fuß des Kreuzes und zur Tür des Grabes, um noch einmal alles von vorne zu lernen.

Und es war für mich genauso ein *Ver*lernen von Altem wie das Erlernen von Neuem.

Nachdem das gesagt ist, lade ich dich dazu ein, mit mir zum unerschöpflichen, starken Herzstück des christlichen Glaubens vorzustoßen. Ich habe echte Antworten gefunden, die nicht enttäuschen, und gebe sie gerne an dich weiter. Ich wette, du wirst zumindest ein-, zweimal im Verlauf dieses Buches überrascht sein.

Denn das Echte neigt dazu, uns zu überraschen.

Teil 1

Christliche Zwangsneurose

Vielleicht verbringen wir den ganzen Tag
mit unseren selbst auferlegten religiösen
Pflichten, halten eifrig unsere Andachten
und fühlen uns immer noch elend. Nichts
kann unser Herz zur Ruhe bringen als nur
eine echte Begegnung mit Gott.
Hannah Whitall Smith (1832–1911)

1

Medikamente, eine Therapie und eine Klinik für psychisch Kranke – das waren die Lösungen, die mir angeboten wurden. Ein Psychologe meinte, ich würde für den Rest meines Lebens in diesem Zustand bleiben und immer auf Medikamente angewiesen sein. Aber trotz meiner tiefen Verzweiflung glaubte ich das nicht. Es musste doch irgendeine andere Antwort geben. Ich hatte diverse christliche Therapeuten mit den verschiedensten Ansätzen aufgesucht, aber keiner konnte die zwanghaften Verhaltensmuster verändern, in denen ich gefangen war.

Schließlich sind zwanghaftes Bibellesen und Evangelisieren auf der Straße keine Allerweltssymptome.

Der Anfang

In der Oberstufe war ich beliebt, hatte gute Noten und wurde sogar zum Schulsprecher gewählt. Es fiel mir leicht, Freunde zu finden und sie zum Lachen zu bringen. Ich spielte gerne Theater, hatte Erfolg im Sport und bei Mädchen. Nichts von alledem war irgendwie schuld an den tief sitzenden Minderwertigkeitsgefühlen, die ich empfand.

Mein Problem war, dass ich auf einem anderen Gebiet scheinbar nicht mithalten konnte – dem *geistlichen*. Egal ob es die Gemeinde, meine christliche Schule, christliche Freizeiten oder sogar christliche Konzerte waren, sie alle forderten stillschweigend
dasselbe: Du musst dich neu hingeben, neu entscheiden dich verändern. Du tust noch nicht genug. Sei nicht zufrieden. Bleib nicht
stehen. Gönn dir keine Ruhe. Es gibt *immer* noch etwas mehr für
Gott zu tun.

Angst. Schuldgefühle. Druck. Das waren die Kräfte, die mich
am Haken hatten und fast umbrachten. Umbrachten? Ja, mehrfach sah ich dem Tod ins Auge oder kam nur mit schweren Ver-
letzungen davon. Einmal bekam ich mit einem Kantholz eins
übergebraten, als ich in einer gefähr-
lichen Gegend auf der Straße evangelisierte. Ein anderes Mal wurde ich
von einem Drogendealer zu Boden
geworfen. Ich hatte versucht, ihn zu
bekehren.

> Obwohl ich in
> der U-Bahn
> aufstand und allen
> Fahrgästen im
> Waggon predigte,
> war ich innerlich
> dennoch leer.

Hingegeben? Und wie! Aber an
was? Obwohl ich in der U-Bahn aufstand und allen Fahrgästen im Wag-
gon predigte, war ich innerlich dennoch leer. Trotz meiner Bereitschaft,
an jeder Haustür in meiner Nachbarschaft zu klingeln und das
Evangelium zu verkündigen, hatte ich doch kein erfüllendes Leben
anzubieten. Egal ob ich im Zug, in der Nachbarschaft oder sogar im
örtlichen Gefängnis predigte, ich fühlte mich immer angespannt.

Ich bin mit dem Evangelium aufgewachsen und war überzeugt
davon in den Himmel zu kommen, aber das half mir in meinem
inneren Aufruhr überhaupt nicht weiter. Ich befürchtete, Gott
wäre so enttäuscht von meiner Leistung, dass er mich weder ge-

brauchen noch wachsen lassen oder Gemeinschaft mit mir haben würde. Die Stimmen um mich herum bestätigten mir noch, dass meine Anstrengungen nicht ausreichten und ich noch mehr tun musste, um den Anforderungen zu genügen.

Keiner hatte eine Ahnung davon, was mich alles bedrückte, denn ich ließ mir nichts anmerken. Aber als ich in der Schule mehrere Jahre hintereinander nicht die begehrte Auszeichnung als »Christliche Persönlichkeit« erhielt, dämmerte es mir. Um diesen Preis zu gewinnen, musste man ruhig oder sogar schüchtern sein. Denn wer nicht viel sagte, galt als »sanftmütig«. Mein Problem war, dass meine Persönlichkeit nicht diesen Anforderungen entsprach.

Ich hatte eine persönliche Beziehung zu Jesus. Ich kannte die Bibel besser als viele andere. Und ich kümmerte mich wirklich um meine Freunde in der Schule. Aber ich war der Klassenkasper und die Stimmungskanone. Humor und christlicher Charakter waren einfach nicht unter einen Hut zu bekommen.

Die Mitte

»Auf der Uni wird alles anders«, sagte ich mir. Das war meine Chance, mich zu verändern – ein Neubeginn als unbeschriebenes Blatt in einem völlig neuen Umfeld. Von zwei Universitäten erhielt ich Zusagen. Die eine war Wheaton College, die vielleicht beste christliche Hochschule im Land, und die andere die Furman University, eine angesehene Schule im Süden. Nachdem ich meine Eltern davon in Kenntnis gesetzt hatte, dass ich als Christ nicht gut genug sei, um in Wheaton zu studieren, folgte ich der Einladung nach Furman.

Mein erstes Jahr in Furman war eine Art Übergangsphase. Ich beschloss, auf geistlichem Gebiet nicht mehr länger mittelmäßig zu sein, sondern mir Gottes Respekt zu erwerben und auch den der Menschen um mich herum. Nachdem ich über Dutzenden von christlichen Büchern gebrütet hatte, fühlte ich mich belesener als viele meiner Altersgenossen. Im Alter von neunzehn Jahren predigte ich das erste Mal im Gottesdienst. Auf Studienreisen im Ausland evangelisierte ich in den Straßen von Spanien, Griechenland und Italien. Ich strengte mich an, und jeder in meinem Umfeld wusste das.

> Ich konnte nachts nicht schlafen, wenn ich am Tag nicht jemandem von Christus erzählt hatte.

Als ich in die Vereinigten Staaten zurückkehrte, verlor ich all meine Freunde. Wer hätte ihnen einen Vorwurf machen können? Ich hatte mich verändert. Ich erinnere mich noch, wie einer meiner besten Freunde einem anderen Freund erzählte, es sei ihm peinlich, mit mir zusammen gesehen zu werden.

Gut, es gab einige Außenseiter, die mir Beifall spendeten und mich schätzten. Aber das waren Fremde. Sie sahen nur das Ergebnis – dass einige zum Glauben an Christus kamen und andere von meiner »Jüngerschaft« zu profitieren schienen. Aber das war die Minderheit. Die meisten erkannten, dass mit mir einfach etwas nicht stimmte. Ich war getrieben, und ein Ende schien nicht in Sicht.

Meine Anspannung erreichte nachts ihren Höhepunkt, weil ich erst dann schlafen konnte, wenn ich am Tag jemandem von Christus erzählt hatte. Wenn ich meinen Kopf auf das Kissen legte, überlegte ich, was ich versäumt hatte. Und dann stand ich wieder auf, ging zum nächsten durchgehend geöffneten Laden und suchte jemanden, den ich anpredigen konnte. Sobald ich meine Zeilen heruntergeleiert hatte, konnte ich nach Hause gehen und schlafen. Die Reaktion, die ich darauf erhielt, war unwichtig. »Man hat eh keinen Einfluss auf das Ergebnis«, sagte ich mir. Ich hatte meine Pflicht erfüllt. Ich war dem Ruf gehorsam gewesen. Und jetzt konnte ich endlich schlafen.

Lächerlich? Vielleicht. Aber ich tat nur das, was nach der Meinung von anderen der Weg zu geistlichem Wachstum und Erfüllung war. Mein Wahnsinn scheint extrem, aber ich zog nur das konsequent bis zum Ende durch, was man mir als Methode vorgegeben hatte. Ich hatte immer eine Antwort parat für alle, die mich nach meinem »Wandel« fragten und »Rechenschaft« von mir forderten. Niemand konnte *mich* jemals für abgefallen oder ungeistlich halten. Denn das wäre für mich noch schlimmer gewesen als all diese Anstrengungen, die ich mir auflud. So dachte ich zumindest.

Das Ende

Die ganzen fruchtlosen Anstrengungen forderten bald ihren Tribut. Ich stürzte in eine tiefe Depression. Ein paar Monate später fand ich mich tränenüberströmt auf dem Boden meiner Wohnung vor: »Gott, ich mach doch schon alles, was von mir verlangt wird, und ich fühle mich immer noch so weit weg von dir. Ja, eigentlich fühle ich mich schlechter als je zuvor! Wie konnte das nur passieren? Ich kann keinen Ausweg sehen. Hilf mir doch!«

Mir blieb keine andere Wahl, als zu Hause anzurufen. Ich nahm das Telefon und schon ein paar Stunden später verließ ich die Uni mitten im Semester, um nach Virginia an der Ostküste zurückzukehren. Ich wusste nicht, was mich dort erwartete, aber in meiner momentanen Verfassung konnte ich nicht hier bleiben.

Es gab keine schnelle Lösung. Monatelang suchte ich nach Hilfe, und ich konnte mich immer noch nicht davon lösen, wie besessen für Gott zu ackern. Mein Vater hatte von einem Mann gehört, der mir vielleicht helfen konnte, also setzten wir uns in einen Flieger nach Atlanta. Nachdem ich mit diesem Mann einen Tag im Gebet verbracht hatte, begannen sich einige meiner Gedanken zu lichten. Ich war zumindest soweit, dass ich mir eingestehen konnte, dass diese Leistungszwänge nicht von Gott kamen. Das war immerhin ein Anfang.

»Möchten Sie gerne Christ werden und sich so elend fühlen wie ich?«

Die nächsten Jahre waren nicht einfach. Ich ging zurück zur Uni, machte meinen Abschluss und sogar noch ein Aufbaustudium, aber mein ganzes Selbstvertrauen war dahin. Mein Glaube hatte mich im Stich gelassen. Wenn ich mich getraut hätte, beim Evangelisieren ehrlich zu sein, hätte ich sagen müssen: »Möchten Sie gerne Christ werden und sich so elend fühlen wie ich?«

Ich war also in einer Zeit der Wiederherstellung. Ich war zerbrochen und mein Selbstwertgefühl war komplett verloren gegangen. Ich hatte eine Entwicklung vom Klassenkasper und Schulsprecher über einen wilden Kämpfer für die Sache Gottes hin zu einem schweigsamen, komischen Typen in der Ecke hinter mir. Psychologisch gesehen hatte ich alles durch. Ich brauchte Antworten.

Mein Neuanfang

Es ist jetzt siebzehn Jahre her, dass ich schluchzend auf dem Fußboden meiner damaligen Wohnung lag. Heute würde ich meine Beziehung zu Gott gegen nichts auf der Welt mehr eintauschen wollen. Im Gegenteil, ich wünschte, jeder hätte solch eine Beziehung zu Gott wie ich! Weil ich so verzweifelt war, mich an Gott ausgeliefert hatte, um echte Antworten zu bekommen, und weil ich bereit war, alles hinter mir zu lassen, was ich vorher für richtig gehalten hatte, lernte ich schließlich doch das *nackte* Evangelium kennen.

Ich war bereits Christ. Aber keiner hatte sich je die Zeit genommen, dem Evangelium all die wirren Vorstellungen und das irreführende Vokabular auszuziehen. Niemand hatte mich je mit der *nackten* Wahrheit bekannt gemacht. Ich brauchte eine intravenöse Infusion, die nicht mit Religiosität vergiftet war! Als ich erst einmal gemerkt hatte, dass ich auf dem falschen Weg war, half Gott mir, seinen Weg zu sehen – den Weg zur Freiheit.

Das Ergebnis dieser Reise findest du in diesem Buch. Hoffnung keimte auf, als ich begann, den wichtigen Unterschied zwischen zwei Betriebssystemen zu begreifen – eines war alt und das andere neu. Und als ich den Zugang zu dem Neuen erst einmal sehen konnte, brauchte ich nur noch hindurchzugehen.

Was ich auf der anderen Seite fand, veränderte mein Leben.

2

ch bin nicht der einzige, der ganz unten war. Viele Christen machen wohl die Erfahrung, dass sie anfangs begeistert sind, wenn sie Christus annehmen, aber später enttäuscht, desillusioniert oder sogar depressiv werden.

Einige amerikanische Gemeindeleiter haben versucht herauszufinden, woher diese Epidemie kommt und was man dagegen tun kann. Im Jahr 2004 entwickelte die *Willow Creek Community Church* in South Barrington (Illinois) die REVEAL-Studie, um das Herz – d. h. die Gefühle und Einstellungen der Menschen zu verstehen und zu erfassen, die die Willow-Creek-Gemeinde besuchen. Seitdem haben über vierhundert weitere Gemeinden aller Größen, Denominationen und Regionen des Landes diese Studie durchgeführt und ihre Mitglieder befragt.

Wir kommen noch darauf zurück, wie Christen im ganzen Land diese Fragen beantwortet haben. Aber nimm dir doch selbst einen Augenblick Zeit, um zu überlegen, wie du antworten würdest. Kreise zu jeder Frage eine Zahl zwischen 1 (niedrigster Wert) und 10 (höchster Wert) ein.

1. Wie begeistert bist du von deiner Gemeinde?

   1   2   3   4   5   6   7   8   9   10

2. Wie zufrieden bist du mit deinem Leben?

   1   2   3   4   5   6   7   8   9   10

3. Wie zufrieden bist du mit deinem geistlichen Wachstum?

   1   2   3   4   5   6   7   8   9   10

4. Wie sehr engagierst du dich in der Gemeinde?

   1   2   3   4   5   6   7   8   9   10

Die große Überraschung

Die Verfasser dieser Willow-Creek-Studie dachten, sie würden einen engen Zusammenhang feststellen können zwischen der Zeit, die mit Gemeindeaktivitäten verbracht wird, und dem Maß des geistlichen Wachstums und der Lebenserfüllung. Sie gingen davon aus, dass jeder, der der Gemeinde seine Zeit zur Verfügung stellt, spürbar wachsen und zufrieden sein müsse. Wäre doch logisch, oder?

Aber dem war nicht so.

Die Studie zeigte, dass es nicht die aktiveren Christen waren, die Wachstum und Zufriedenheit erlebten. Die Studie offenbarte auch, dass eine große Anzahl – fast 25 Prozent der Besucher, die bei Willow Creek befragt worden waren – zugaben, dass sie »unzufrieden« waren und ihr Wachstum als »stagnierend« erlebten. Auch andere Gemeinden machten bei ihren Mitgliedern ähnliche Entdeckungen.

Was läuft in den Gemeinden von heute also schief? Wenn wir mehr Zeit in der Gemeinde verbringen, sollten wir dann nicht erwarten können, dass wir geistlich wachsen und Erfüllung darin finden? Wird uns nicht gesagt, dass wir keinen Durst mehr haben, wenn wir von dem lebendigen Wasser trinken das Jesus uns anbietet? Wenn das stimmt, was ist dann mit so vielen Christen heute los? Was fehlt uns?

Viele unserer nordamerikanischen Gemeinden scheinen alles zu haben – unserer Kultur angemessene Einsätze, ansprechende Gebäude und ein breites Spektrum an Programmen für jeden Geschmack. Hinzu kommen dynamische Sprecher, professionelle Musik und einladende Kleingruppen. Wie kann es dann sein, dass Menschen, die in diesen Gemeinden sehr aktiv sind, trotzdem nicht wachsen und unzufrieden sind?

> Viele der heutigen Gemeinden scheinen alles zu haben.

Es ist nichts falsch an qualitativ hochwertigen Gebäuden, kreativen Programmen und einem echten Gemeinschaftssinn. Aber die grundlegende Frage ist: »Welche Botschaft verkündigen wir in unseren Städten und Gemeinden durch unsere Programme?« Ich glaube, dass unsere *Substanz* der Grund ist für unsere Unzufriedenheit und stagnierendes Wachstum, nicht unsere Strukturen. Eine Gemeinde mag auf Hochglanz polierte Programme haben, gut ausgebildete Mitarbeiter und dynamische Sprecher.

Aber, der *Inhalt* ist das, was die Leute mitnehmen.

Ein Fragebogen

Um diesen Punkt zu verdeutlichen, legen wir jetzt eine Pause für einen kurzen Fragebogen ein. Weiter unten stehen zehn Gedanken zum christlichen Glauben, über die heute in vielen Gemeinden eher nicht gesprochen wird. Aber unsere Sicht zu jedem dieser Gedanken beeinflusst unsere Beziehung zu Gott, unser geistliches Wachstum und unsere Erfüllung im Leben. Entscheide bei jedem der zehn Gedanken, ob du ihn für wahr oder falsch hältst. Kreise dann entweder »wahr« oder »falsch« ein. Bitte lies erst weiter, wenn du alle Fragen beantwortet hast.

1. Christen sollten Gott um Vergebung und Reinigung bitten, wenn sie gesündigt haben.

   wahr   falsch

2. Christen kämpfen mit der Sünde, weil sie noch ihren alten Menschen in sich haben.

   wahr   falsch

3. Wir sollten auf Gott warten, auch bevor wir Alltagsentscheidungen treffen.

   wahr   falsch

4. Wenn wir gegen Gott sündigen, haben wir keine Gemeinschaft mit ihm, bis wir wieder Buße tun.

   wahr   falsch

5. Das alttestamentliche Gesetz ist auf die Herzen von uns Christen geschrieben, damit wir es befolgen.

wahr   falsch

6. Die Bibel sagt uns, dass auf uns Christen im Himmel viele Belohnungen warten.

wahr   falsch

7. Christen werden vor dem großen weißen Thron für ihre Sünden Rechenschaft ablegen müssen.

wahr   falsch

8. Christen sollten ihrer Gemeinde mindestens den Zehnten ihres Einkommens geben.

wahr   falsch

9. Gott wird zornig auf uns, wenn wir immer wieder gegen ihn sündigen.

wahr   falsch

10. Gott sieht uns als gerecht an, auch wenn wir es in Wirklichkeit überhaupt nicht sind.

wahr   falsch

Die Auflösung

Warum die Fragen? Nun, zu Beginn dieses Kapitels habe ich von einer Studie berichtet. Du hast deine *Gefühle* für deine Gemeinde, deine *Begeisterung* für das Leben und deine *Zufriedenheit* mit deinem geistlichen Wachstum eingeschätzt. Unser Denken führt unweigerlich zu Gefühlen. Der einzig wirkungsvolle Weg zu Wachstum und Erfüllung, wenn wir uns unzufrieden fühlen oder unerklärlicher Stillstand eingetreten ist, ist darum der, tief im Wort Gottes zu graben, um die echten Antworten zu finden, die unser *Denken* verändern.

Ich durchlebte die Folgen meines Denkens und meine Wiederherstellung dauerte ein Jahrzehnt, in dem ich langsam lernte, alte Gedanken durch neue zu ersetzen. Ich weiß nicht, wie viele Geschichten es zu erzählen gibt von meinen Versuchen und meinem Scheitern, meinem Leiden unter dem Scheitern und wie ich endlich Antworten fand.

Wenn wir schon von Antworten sprechen: Die biblische Antwort auf jede der oben genannten Aussagen ist »falsch«.

Ja, *falsch*.

Wie hast du sie beantwortet?

Bist du bereit, dich Schicht um Schicht von der Religiosität zu befreien, um eine erfreuliche Realität zu entdecken – immer mit dem Gedanken im Hinterkopf, dass die Wahrheit dich *frei* macht?

Teil 2

....

Kopfschmerz-Religion

Viele Christen wandeln immer noch in
alttestamentlicher Gebundenheit. Sie
betrachten das Gesetz als göttliche
Ordnung, deren Anweisungen wir zu
befolgen haben, und sehen sich durch die
Bekehrung selbst als bereit und tauglich
dafür an, die Erfüllung des Gesetzes als
natürliche Pflicht auf sich zu nehmen.
Andrew Murray (1828–1917)

3

Ich kenne viele Nichtchristen, die sich bewusst dafür entschieden haben, sich *nicht* mit der Krankheit namens »Christsein« zu infizieren. Sie mögen sich *Atheisten* oder *Agnostiker* nennen und tragen diese Bezeichnung offensichtlich mit Stolz. Sie waren schlau genug, die schmerzhaften Symptome unnötiger Religion zu meiden.

Vielleicht sagen manche von ihnen immer noch: »Das Christentum ist eine Krücke.« Das ist eigentlich noch freundlich ausgedrückt, denn eine Krücke bewahrt uns schließlich vor dem Hinfallen. Aber das heute gängige Denken ist eher: »Warum sollte ich mich auf etwas einlassen, bei dem sich so viele doch nur schlecht fühlen?« Für viele ist Christsein eher ein Krebsgeschwür als eine Krücke.

> Für viele ist Christsein eher ein Krebsgeschwür als eine Krücke.

Außenstehende sehen sehr wohl, wie viele Christen mit ihrer Gemeinde oder ihrer persönlichen Beziehung zu Gott nicht zufrieden sind. Der Glaube dieser Christen funktioniert für sie nicht mehr, weil sie ihren Teil des »Vertrages« mit Gott scheinbar nicht einhalten können. Viele Christen mögen zwar bei ihrer

Errettung eine wirklich erfreuliche Erfahrung gemacht haben, und vielleicht hatten sie sogar eine Zeit des erfüllenden geistlichen Wachstums. Aber irgendwie hat sich das, was so vielversprechend und voller Kraft begann, allmählich totgelaufen.

Ein uraltes Problem

Dieses Problem ist nicht neu. Vor mehr als hundert Jahren sagte ein Nichtchrist zu seiner guten Bekannten Hannah Whitall Smith, wie er als Außenstehender das Christsein wahrnahm:

> *Wenn ihr Christen wollt, dass wir Agnostiker uns für eure Religion interessieren, müsst ihr versuchen, entspannter damit umzugehen. Die Christen, die ich treffe, scheinen mir die unentspanntesten Menschen um mich herum zu sein. Sie scheinen ihre Religion mit sich herumzutragen, als würde sie ihnen Kopfschmerzen bereiten. Sie wollen ihren Kopf zwar nicht loswerden, aber gleichzeitig ist es auch unbequem für sie, ihn zu behalten. Und ich persönlich mache mir nichts aus solch einer Art von Religion.*
> *(Zitat aus Hannah Whitall Smith, The God of All Comfort)*

Wenn wir uns also eingestehen, dass dieses Problem existiert, ist es nur sinnvoll, dafür auch eine Lösung zu suchen. Aber wo finden wir echte Antworten? Vielleicht sollten wir zunächst einmal versuchen, den *Ursprung* des Problems zu verstehen. Und dieses Problem ist in der Tat schon mehr als nur hundert Jahre alt.

Um seine Wurzel zu verstehen, müssen wir gleich mehrere Jahrtausende zurückreisen in die Zeit, als das Volk Israel zusammenkam, um zu hören, was Gott von ihnen verlangte. Achten wir einmal darauf, wie sie reagierten. Ihre Antwort war ein vollkommen hingegebenes *Ja*.

Und Mose kam und verkündigte dem Volk alle Worte des Herrn und alle Verordnungen. Da antwortete das Volk einstimmig und sprach: Alle Worte, die der Herr geredet hat, wollen wir tun! ... Darauf nahm er [Mose] das Buch des Bundes und las es vor den Ohren des Volkes. Und sie sprachen: Alles, was der Herr gesagt hat, das wollen wir tun und darauf hören! (2Mo 24,3.7)

Mehr als 600 Gebote waren das insgesamt – mehr als 350 Dinge, die sie lassen, und fast 250, die sie tun sollten. Oh, und nebenbei gesagt, auf einige Übertretungen des Gesetzes – wie Götzendienst und sexuelle Sünden – stand die Todesstrafe!

Wie ging es also aus mit der Hingabe der Israeliten? Nun, das weißt du wahrscheinlich schon. Die Geschichte des Volkes Israel im Alten Testament besteht aus einem Versagen nach dem andern, und eine Enttäuschung wechselte sich mit der nächsten ab.

Achterbahn

Gott übertrug dem Stamm Levi die Aufgabe, für Israel Priester zu sein. Diese Priester lehrten das Gesetz, sie brachten Tieropfer dar und beteten um Führung. Der Hohepriester verrichtete am Versöhnungstag seinen Dienst im Allerheiligsten. Er betrat es und besprengte den Deckel der Bundeslade mit Opferblut als Sühne, zuerst für seine eigenen Sünden und dann für die Sünden der Israeliten. Ein Priester war 25 Jahre lang im Amt, der Hohepriester bis zu seinem Tod. Dann ging das Vorrecht auf seinen ältesten Sohn über. Gott legte fest, dass das Priestertum im Stamm Levi bleiben sollte.

Vom levitischen Chorleiter Asaph stammt eine der besten Schilderungen von Israels Erfahrungen unter dem Gesetz. In Psalm 78 lesen wir, dass Gott Israel immer treu blieb. Er befreite sie aus der Sklaverei in Ägypten, teilte das Rote Meer und leitete sie mit einer Wolke am Tag und einer Feuersäule bei Nacht. Er spaltete Felsen, um auf übernatürliche Weise für Wasser zu sorgen, und ließ sogar Essen vom Himmel fallen. Er erwies sich immer wieder aufs Neue als ihr gütiger und mächtiger Gott. Als Gegenleistung bat er nur um eines – dass Israel ihm die Treue hielt.

Aber Psalm 78 offenbart eine Achterbahnfahrt, ein ständiges Auf und Ab in Israels Gottesbeziehung: Auf Gehorsam folgt Versagen, auf Versagen folgt das Versprechen erneuter Hingabe und wieder das Versagen. Hier ist ein kurzer Auszug aus Asaphs Bericht:

> *Aber sie versuchten Gott, den Höchsten,*
> *und waren widerspenstig gegen ihn*
> *und bewahrten seine Zeugnisse nicht,*
> *sondern sie wichen zurück und fielen ab wie ihre Väter;*
> *sie gingen fehl wie ein trügerischer Bogen.*
> *Und sie reizten ihn zum Zorn durch ihre Höhen*
> *und zur Eifersucht durch ihre Götzenbilder.*
> *Gott hörte es und geriet in Zorn,*
> *und er verabscheute Israel sehr. (Ps 78,56-59)*

Es scheint, dass das Volk am Ende dumm dastand. Aber was war mit den Priestern? Vielleicht blieben die levitischen Priester ja treu, trotz des Ungehorsams des Volkes?

Und nun, ihr Priester, dieses Gebot gilt euch! Wenn ihr nicht
hören wollt und ihr es euch nicht zu Herzen nehmt, meinem
Namen die Ehre zu geben, spricht der Herr der Heerscha-
ren, so schleudere ich den Fluch gegen euch und verfluche
eure Segenssprüche; und ich habe sie auch schon verflucht,
denn ihr nehmt es nicht zu Herzen! (Mal 2,1-2)

Die Priester waren nicht viel besser als das Volk Israel. Aber vielleicht brauchte es einfach Zeit, bis der Gehorsam des Volkes so
weit war? Nein, das war es nicht. Noch lange Zeit nach dem Auszug der Israeliten aus Ägypten und auch lange nach den Tagen
Maleachis hatte sogar der ergebenste jüdische Fromme noch
damit zu kämpfen, nicht untreu zu werden. Einer der vielleicht
hingegebensten Israeliten aller Zeiten, Saulus von Tarsus, konnte
seine religiösen Verpflichtungen Gott gegenüber nicht erfüllen:
»Denn ich verstehe ja selber nicht, was ich tue. *Das Gute, das ich*
mir vornehme, tue ich nicht; aber was ich verabscheue, das tue
ich« (Röm 7,15 HFA).

Für manche schien das Gesetz eine zufriedenstellende religiöse Erfahrung und ein erfüllendes Leben zu bieten. Aber so oder
so brachte es den Fluch des Versagens über jeden, der versuchte,
es zu halten. Niemand konnte diesem unvermeidbaren Ergebnis
entrinnen. An dem Gesetz an sich war sicher nichts falsch, aber
mit einer Regel nach der anderen zeigte das Gesetz klar und deutlich, dass mit *jedem* in Israel etwas nicht stimmte.

Schnellvorlauf

Aber jetzt spulen wir einmal ein paar Tausend Jahre nach vorne,
in die Gegenwart. Es sind nicht nur Israels ergebenste Fromme,

die über ihre eigene Religion frustriert sind und sich damit miserabel fühlen.

Auch der Kampf Martin Luthers mit seiner Religion ist bestens dokumentiert. Trotz seines Eifers und seines hingegebenen Lebensstils wurde er immer wieder von seiner Schuld überwältigt. Er kasteite sich selbst und unternahm zahllose Versuche, für seine endlose Liste von Sünden zu büßen. Er geißelte sich nicht nur, bis er blutete, manchmal lag er mitten im Winter die ganze Nacht im Schnee, bis er sich schließlich in solch einem Schockzustand befand, dass seine Kollegen ihn wegtragen und in Sicherheit bringen mussten.

> »War es ein Fehler, dem Ruf des Heiligsten Herzens blindlings zu folgen?«

Auf ähnliche Weise bekannte auch Mutter Teresa in ihren kürzlich veröffentlichten Schriften: »Man sagt mir, dass Gott mich liebt – und doch ist die Realität der Dunkelheit, Kälte und Leere so groß, dass nichts meine Seele berührt. Bevor das Werk begann, gab es so viel Einheit, Liebe, Glaube, Vertrauen, Gebet und Opfer. War es ein Fehler, dem Ruf des Heiligsten Herzens blindlings zu folgen?« (an Jesus gerichtete Worte, bei einem Beichtvater gesprochen, ohne Datierung).

In den mehr als vierzig Jahren ihres unermüdlichen Dienstes wurden Tausende von Menschen von Mutter Teresa beeinflusst. Sie kümmerte sich um die Kranken, Obdachlosen und Waisen in ihrer Heimat und anderswo. Und doch enthüllen ihre persönlichen Aufzeichnungen ihren Kampf um Sinn und Ziel und um eine stabile Beziehung zu Gott.

Was also haben Saulus von Tarsus, Martin Luther und Mutter Teresa gemein? Anscheinend rangen sie alle mit einem religiösen

System, das ihnen keine bleibende Zufriedenheit oder Erfüllung brachte, sondern nur Elend. Ihre Methoden, Gott zu besänftigen und sich ihm zu nähern, führten schließlich zu einem tiefen Gefühl des Versagens. Sie nahmen mehr Anstrengungen auf sich als wir es je tun würden –, und mussten sich am Ende doch fragen: »Wie viel ist genug? Wann wird es reichen? Warum ist Gott immer noch nicht zufrieden? Wann komme ich endlich dazu, mich zu entspannen und zu genießen? Es muss einen anderen Weg geben.«

Der andere Weg

Und wenn es *wirklich* einen anderen Weg gibt? Wenn wir tatsächlich die *ganzen* religiösen Schuldgefühle hinter uns lassen und ein Leben der Freude führen könnten? Wenn wir mit Gott eine so enge Gemeinschaft haben könnten, als würde er mit uns unter einer Haut stecken? Wenn wir einfach so leben könnten, als wären wir wir selbst, und dabei würde auch noch Christus durch uns leben? Und das alles, ohne dass es uns etwas kostet? Es würde bedeuten, dass sich das Thema Religion erledigt hat. Es würde bedeuten, dass wir uns nicht mehr ständig selbst analysieren und unsere Geistlichkeit messen müssten.

Der alte Weg führt immer zur Enttäuschung, egal wie »heilig« unsere Anstrengungen auch sein mögen. Der neue Weg kostet uns nichts, aber er verändert alles. Und doch gibt es noch eine dritte Option – und diese Mischform aus Alt und Neu hat sich in viele Gemeinden eingeschlichen.

Dieses Buch will zeigen, dass das Alte nutzlos ist, und wie viel Spaß das Neue macht. Aber das wichtigste Thema ist, dass wir dem Elend unserer heutigen religiösen Mischform entrinnen und die Unverfälschtheit des Neuen erleben. Das war und ist Gottes Plan für alle, die es im Lauf der Geschichte ernst meinten und doch unglücklich waren.

Was Gott für dich gedacht hat? Das Neue!

4

Schlüpf einmal für einen kurzen Augenblick in die Rolle deiner Lieblingsperson aus dem Alten Testament. Stell dir vor, wie es wäre, wie er oder sie zu sein. Vielleicht David oder Esther oder Daniel.

Wie nahe sie Gott doch waren! Wie lebten sie mit ihm zusammen und wurden von ihm gebraucht! Wäre es nicht toll, einer von ihnen zu sein? Wärst du vielleicht sogar bereit, deine eigene Gottesbeziehung gegen ihre einzutauschen? Wenn ja, dann wäre ich ganz und gar nicht deiner Meinung.

Ganz und gar nicht?

Genau.

Nicht eine Sekunde lang wäre ich bereit, Davids Gottesbeziehung meiner eigenen vorzuziehen. Auch nicht die von Esther. Oder die von Daniel. Oder von irgendjemand anderem im Alten Testament. Was ich jetzt habe, ist mir viel lieber.

Wie überheblich!

Wie kühn!

Ich hab dich jetzt hoffentlich überrascht und vielleicht auch ein wenig verärgert, denn genau das ist meine Absicht. Ich glaube, es ist an der Zeit, dass die Gemeinde aufwacht und sich bewusst wird, wie gut wir es heute auf dieser Seite des Kreuzes haben.

Vielleicht kennst du die berühmten Glaubenshelden aus Hebräer 11 – Abraham, Isaak, Jakob, Josef und Mose. Durch den Schreiber des Hebräerbriefs erzählt Gott von ihrer Hingabe und Opferbereitschaft und ihrem Gehorsam gegenüber seinen Wegen. Diese Helden wurden wegen ihres Glaubens verspottet, eingesperrt und sogar zu Tode gesteinigt.

Bist du schon einmal solchen Prüfungen unterzogen worden? Hast du dich als genauso hingegeben erwiesen? Die Antwort lautet wahrscheinlich *Nein*. Wie kannst du dann überhaupt eine bessere Gottesbeziehung haben als sie?

Bevor wir die Frage des Wie beantworten, lass uns sicher sein, dass das wirklich der Fall ist. Über diese alttestamentlichen Gläubigen schreibt der Verfasser des Hebräerbriefs: »Und *diese alle*, obgleich sie durch den Glauben ein gutes Zeugnis empfingen, *haben das Verheißene nicht erlangt*, weil Gott *für uns etwas Besseres* vorgesehen hat, damit sie nicht ohne uns vollendet würden« (Hebr 11,39-40).

> Gott ist und bleibt derselbe.

Solch eine Hingabe, solch ein Engagement – doch was lernen wir über diese alten Helden? Sie empfingen *nicht* das, was ihnen verheißen wurde. Wir dagegen, *nachdem* Jesus am Kreuz für uns gestorben ist, haben etwas viel Besseres, als sie jemals erlebt haben.

Was genau macht unsere Situation besser als die ihre? Hat sich Gott verändert? Ganz sicher nicht. Gott ist und bleibt derselbe. Was genau macht die Lage so anders als vor mehr als 2000 Jahren? Es hängt allein mit dem Neuen zusammen.

Papiere, bitte!

Stell dir vor, du bist als Fliege an der Wand Ohrenzeuge eines hypothetischen Gesprächs zwischen Mose und Jesus von Nazareth. »Papiere, bitte«, ruft Mose. Aber Jesus von Nazareth hat keine Papiere, zumindest keine, die den Anforderungen entsprechen würden. Das Gesetz forderte, dass jemand von Levi abstammen musste, um Hoherpriester sein zu können, aber Jesus kam aus dem Stamm Juda. Keiner aus dem Stamm Juda hatte jemals als Priester gedient. Das Gesetz verbot eine solche Wahl.

Heute betrachten Christen Jesus Christus als ihren Hohenpriester, aber dem Gesetz nach ergibt das überhaupt keinen Sinn. Wie können wir dann heute Jesus rechtmäßig als unseren Hohenpriester ansehen? Wenn die priesterliche Blutslinie geändert wurde, dann muss auch das gesamte System, wie wir mit Gott in Beziehung treten können, ersetzt werden. Und genau das ist passiert – das *ganze* System hat sich geändert!

Es ist entscheidend zu erkennen, dass das Gesetz und Jesus sich nicht unter einen Hut bringen lassen. »[Jesus] … gehört zu einem anderen Stamm, dessen Angehörige nie am Altar dienten. Unser Herr kam ja aus dem Stamm Juda, doch Mose hat Juda nie in Verbindung mit dem Priestertum erwähnt« (Hebr 7,13-14 NLB).

Christen nennen Jesus ihren Retter, ihren Herrn und den Urheber (Priester) ihrer Vergebung. Einige behaupten dann aber, das Gesetz sei auch für uns heute noch gültig. Doch damit begeben sie sich in einen krassen Widerspruch.

Das Thema Gesetz und Gnade (Altes und Neues) wird heute immer noch heiß diskutiert: Leben wir durch das Gesetz? Leben wir aus Gnade? Oder durch eine Kombination von beidem? Schreibt Gott nicht das Gesetz in unsere Herzen? Unzählige Seiten in christlichen Büchern widmen sich genau diesen Fragen. Aber selten steht dabei die Abstammung Jesu im Zentrum der Aufmerksamkeit. Wir können alle möglichen Theorien, Kompromisse und Antworten zu Gesetz und Gnade vorschlagen, doch eines bleibt bestehen: Nach dem Gesetz kann Jesus nicht Priester sein. Aus diesem Grund sagt der Hebräerbrief: »Wenn nun aber die priesterliche Ordnung verändert wird, muss auch das ganze Gesetz entsprechend geändert werden« (Hebr 7,12 NLB).

Unter dem Strich bleibt die Frage: Wenn du dich an Jesus als deinen Priester wendest, wie viel Raum bleibt dann noch für das Gesetz? Du betest zu einem Mann aus Nazareth aus dem Stamm Juda, der nicht aus der Blutlinie Aarons oder Levis oder irgendeines anderen durch das Gesetz legitimierten Priesters abstammt. Du betest zu einem Außenseiter, einem Abtrünnigen, einem Aufrührer!

Gottes neuer Vertrag

Christen akzeptieren bereitwillig Jesus als ihren Priester. Aber manchen ist nicht klar, dass sie, wenn sie Jesus als Priester annehmen, in einen Vertrag mit Gott treten, eine Übereinkunft, ein Bund. Im Gegensatz zum alten Vertrag, den Gott durch Mose schrieb, wird dieser neue nie mehr durch einen anderen ersetzt werden. Er ist das letzte Wort, was die Beziehung eines Menschen zu Gott betrifft. Jesus Christus ist der Urheber und die Garantie für völlig Neues und Revolutionäres:

Aus diesem Grund ist er der Vermittler eines neuen Bundes zwischen Gott und den Menschen, damit alle, die dazu berufen sind, das ewige Erbe empfangen können, das Gott ihnen

versprochen hat. Denn Christus starb, um sie von der Strafe
für die Sünden zu befreien, die sie zur Zeit des ersten Bundes
begangen hatten. (Hebr 9,15 NLB)

»Der Herr hat einen Eid geschworen
und wird ihn nicht brechen:
›Du bist für immer Priester.‹«

So ist Jesus der Garant eines besseren Bundes geworden.
(Hebr 7,21-22 NLB)

Ein neuer Bund? Was bedeutet das? Ich musste über zehn Jahre
zum Gottesdienst gehen, bevor ich auch nur eine einzige Predigt
über den neuen Bund hörte. Aber wenn wir verstehen wollen, wie
Gott zu uns in Beziehung tritt, müssen wir uns den neuen Bund
anschauen. Der neue und der alte Bund sind ganz und gar nicht
dasselbe. Hier ein Wort von Gott selbst zu dieser Angelegenheit:

»Es wird ein Tag kommen, spricht der Herr,
  an dem ich einen neuen Bund mit dem Volk Israel
  und mit dem Volk Juda schließen werde.
Dieser Bund wird nicht so sein wie der,
  den ich mit ihren Vorfahren schloss,
  als ich sie an der Hand nahm und aus Ägypten führte.
Sie sind meinem Bund nicht treu geblieben,
  deshalb habe ich mich von ihnen abgewandt,
spricht der Herr.« (Hebr 8,8-9 NLB)

Etwas Neues kam daher. Gott wollte schon immer etwas radikal
Anderes einführen. Dieser Abschnitt deutet an, dass das Neue
etwas noch nie Dagewesenes ist und dass es ein ernsthaftes Pro-

blem löst – nämlich unser Unvermögen, ihm treu zu bleiben. Was auch immer dieses Neue sein mag: Es bringt Menschen dazu, treu zu bleiben, sogar wenn sie es aus eigener Kraft gar nicht schaffen könnten.

Heute reden wir über ewige Sicherheit des Heils, aber Sicherheit (oder Treue) war ein Thema des Alten. Ein Grund, warum nun das Neue auf der Bildfläche erschien, war offenbar, weil es das alte Problem lösen sollte: »Hätte der erste Bund keine Mängel gehabt, wäre es nicht nötig gewesen, ihn durch einen zweiten zu ersetzen« (Hebr 8,7 NLB).

> Unter dem Alten konnte niemand erfolgreich sein.

An dem Alten war eigentlich nichts verkehrt. Es sollte immer noch als heilig und gut geschätzt werden. Das Problem mit dem Alten war, dass niemand unter ihm erfolgreich sein konnte. Aus diesem Grund dachte Gott sich einen anderen Weg aus.

Der neue Weg bedeutet, dass Gottes Wünsche in uns hineingeschrieben werden. Damit haben wir die Garantie: Wir sind sein Volk, komme was da wolle:

Sondern das ist der Bund,
den ich mit dem Haus Israel schließen werde
nach jenen Tagen, spricht der Herr:
Ich will ihnen meine Gesetze in den Sinn geben
und sie in ihre Herzen schreiben;
und ich will ihr Gott sein,
und sie sollen mein Volk sein. (Hebr 8,10)

Aus Gottes eigener Beschreibung des Neuen gelangen wir zu einigen wichtigen Erkenntnissen. Gott schreibt seine Gesetze in unsere Gedanken und Herzen. Wir werden sein Volk und haben das Vorrecht, ihn persönlich kennenzulernen. Aber der Autor des Hebräerbriefs *zitiert* den Abschnitt aus dem Alten Testament hier eigentlich *falsch*. Wie konnte er nur so kühn sein? Und warum tat er das? Aus dem alttestamentlichen »mein Gesetz« macht er »meine Gesetze«, um etwas Wichtiges klarzustellen: Im Gegensatz zu der weitverbreiteten Lehre ist es nicht das Gesetz des Mose, das in unsere Herzen geschrieben ist.

Es sind *die* Gesetze Gottes. Diese werden von Jesus und den Verfassern des Neuen Testaments näher beschrieben. Sie werden »das

> Es ist nicht das Gesetz des Mose, das in unsere Herzen geschrieben ist.

königliche Gesetz« (Jak 2,8), »das Gesetz der Freiheit« (Jak 1,25; 2,12) und »seine Gebote« (1Joh 3,24) genannt. Gottes Gebote sind, (1) ihn zu lieben und (2) einander zu lieben (Mk 12,30-31). Das ist keine Belastung. Jesus sagt sogar selbst, dass alle, die ihn lieben, seine Gebote halten werden (Joh 14,15). Mit dem Neuen hat Gott es geschafft.

Stellen wir uns nur einmal vor, das mosaische Gesetz wäre in unsere Herzen und Gedanken geschrieben! Alle die Speisevorschriften, Kleiderordnungen und Hunderte anderer Regeln würden unser Gewissen überschwemmen, wie sie es bei den Israeliten taten.

Gott sei Dank ist das Neue nicht nur eine aufgetakelte Version des Alten!

Das Neue ist anders. Und es ist einfach.

5

Mein Vater kam 1998 bei einem Autounfall ums Leben. Er war ein liebevoller Ehemann, ein erfolgreicher Geschäftsmann und ein toller Papa gewesen. Sein Intellekt wurde nur noch von seinem Sinn für Humor übertroffen. Er fehlt uns sehr.

Stell dir einen Moment lang vor, du sitzt mit mir beim Abendessen und ich nutze die Gelegenheit, um das Familienalbum hervorzuholen und dir Fotos von meinem Papa zu zeigen. Während ich die Seiten umblättere, auf bestimmte Fotos zeige und Geschichten über ihn erzähle, geschieht etwas gänzlich Unvorhergesehenes. Wie durch ein Wunder kommt mein Vater plötzlich zur Tür herein! Doch ich zeige weiter auf die Fotos und erzähle immer noch die alten Geschichten. Obwohl ich seine Ankunft bemerkt habe, bin ich immer noch mit dem Album beschäftigt.

> Manche Christen sind auf das Gesetz fixiert, obwohl es nur ein Schatten ist.

Das ist lächerlich, oder? Warum sollte ich mich auf ein zweidimensionales Foto meines Vaters fixieren, wenn mein Vater leibhaftig vor mir steht?

Aber genau so sind manche Christen auf das Gesetz fixiert, obwohl es nur doch ein Schatten ist. Das Wirkliche, so wird uns gesagt, finden wir im Neuen!

Auf das Alte zu blicken, nachdem wir das Neue kennengelernt haben, ist so, als würde ich wieder das Fotoalbum von meinem Papa zur Hand nehmen, obwohl er doch persönlich und leibhaftig vor mir steht. Ich bin in etwas Zweidimensionalem und Leblosem gefangen, obwohl seine lebendige Gegenwart bei mir ist.

*»Das Gesetz aber ist nicht aus Glauben«
(Gal 3,12)*

Hier ist Gottes Aussage zur Überlegenheit des Neuen: »Nun aber hat er einen umso erhabeneren Dienst erlangt, als er auch der Mittler eines besseren Bundes ist, der aufgrund von besseren Verheißungen festgesetzt wurde« (Hebr 8,6).

Wenn das Gesetz uns retten könnte, gäbe es schließlich keinen Grund für etwas Neues. Aber das Alte ist einfach nicht mehr aktuell. Jetzt ist etwas Größeres in Kraft getreten, warum also sollten wir uns nicht an das Neue halten?

Interessanterweise wurden sogar alttestamentliche Gläubige nur durch Glauben gerechtfertigt, unabhängig vom Gesetz.

Geht es beim Gesetz um Glauben? Nein, die Bibel zeigt klar und deutlich, dass »das Gesetz aber nicht aus Glauben [ist]« (Gal 3,12). Braucht es eigentlich Glauben, um Regeln einzuhalten und religiöse Handlungen auszuführen?

Alttestamentliche Heilige wie Abraham wurden gerecht gemacht, weil sie ihr Vertrauen auf Gott und auf einen kommenden Messias setzten (Röm 4,13). Abraham lebte *lange vor* dem Gesetz, aber er wurde für gerecht erklärt. Vor Gott gerecht zu sein hatte also noch nie irgendetwas mit dem Gesetz zu tun.

Ärger mit dem Auto

Stell dir vor, du legst Geld zur Seite, um ein neues Auto zu kaufen. Wenn du genug gespart hast, rufst du den Händler an, um einen Preis auszuhandeln.

Zum Glück ist der Händler bereit, dir das Auto zu einem Preis zu überlassen, den du dir leisten kannst. Innerhalb einer Stunde bist du im Laden, um den Vertrag abzuschließen. Der Preis inklusive Überführungskosten, Steuern und Zulassung beträgt 19.550 Dollar. Ein tolles Geschäft! Glücklich unterschreibst du den ganzen Papierkram und nimmst das Auto mit nach Hause. Jetzt ist es endlich deins!

Mehr als ein Jahr später ist eine merkwürdige Nachricht auf deinem Anrufbeantworter. Eine Nachricht vom Autohändler. Du erkennst seine Stimme. Er erklärt dir, dass er dir für das Auto versehentlich *zu wenig* berechnet hat. Er sagt, du würdest ihm noch 2.000 Dollar zusätzlich schulden. Deshalb fordert er dich auf, in die Niederlassung zu kommen, damit ihr den Kaufvertrag neu aufsetzen und »alles Weitere regeln« könnt.

Am Ende der Nachricht stehst du ungläubig da. Du schaust auf den Kalender und beginnst, die Tage zu zählen. Es sind schon 430 Tage vergangen, seit du den Kaufvertrag für das Auto unterschrieben hast! Wie können die so etwas machen? *Dürfen* die das überhaupt? Jetzt ist es Zeit, den Anwalt anzurufen.

Dein Rechtsbeistand erklärt, dass der Händler im Unrecht ist. Keiner kann von dir verlangen, dass du die Bedingungen eines Vertrages änderst, den du vor 430 Tagen unterschrieben hast. Wenn sie jemanden dazu zwingen könnten, nach Vertragsabschluss neu zu verhandeln, würde keiner sich jemals wieder auf irgendeinen Vertrag verlassen können.

Siehst du die Parallele zwischen dem bitteren Nachspiel deines Autokaufs und Paulus' Standpunkt zu dem Neuen – dem Neuen, das bereits Abraham verheißen wurde?

*Brüder, ich rede nach Menschenweise: Sogar das Testament eines Menschen hebt niemand auf oder verordnet etwas dazu, wenn es bestätigt ist. … Das aber sage ich: Ein von Gott auf Christus hin **zuvor bestätigtes Testament wird** durch das 430 Jahre danach entstandene Gesetz **nicht ungültig gemacht,** sodass die Verheißung aufgehoben würde. (Gal 3,15.17)*

Die Verheißung des Neuen wurde Abraham nicht nur 430 Tage, sondern 430 Jahre *vor* dem Gesetz gegeben. Genauso wie der Autohändler einen zuvor abgeschlossenen Vertrag rechtlich nicht mehr neu verhandeln kann, konnte auch der Bund mit Abraham nicht mehr neu verhandelt werden, bloß weil später das Gesetz auftauchte.

> Mehrere hundert Jahre trennen die Verheißung des Neuen von dem Alten.

Obwohl es noch nicht in Kraft getreten war, verhieß Gott dem Abraham bereits das Neue und machte den Vertrag rechtsgültig. Die Tatsache, dass das Gesetz erst 430 Jahre später eingeführt wurde, hat keine Auswirkungen auf die Bedingungen des zuvor geschlossenen Bundes. Mehrere Jahrhunderte trennen also die Verheißung des Neuen von dem Alten. Wir sollten sie nicht miteinander vermischen und auch keine Bestandteile des Alten herausnehmen und sie dem Neuen aufzwingen. Das ist Vertragsbruch.

Um das Neue vorzustellen, haben wir bereits einige Zeit im Hebräerbrief verbracht. Der Hebräerbrief ist der vielleicht am wenigsten gelesene Brief des Neuen Testaments unter den Christen heute. Im Grunde genommen ist er eine ausführliche Begründung, warum wir das Alte verlassen und das Neue annehmen sollen. Er liest sich wie die Rede eines genialen Strafverteidigers, und allein der Hebräerbrief kann viele der Themen klären, die die Christenheit heute spalten. Durch *Das nackte Evangelium* hindurch wirst du den Hebräerbrief und andere neutestamentliche Briefe kennenlernen, die einstimmig fordern: »Jesus und sonst nichts.«

6

Musstest du schon einmal in den Schuhen eines anderen gehen? Wenn ja, dann weißt du, wie es sich anfühlt, etwas zu tragen, das nicht für dich gemacht wurde. Auf den ersten Blick sehen die Schuhe vielleicht aus wie deine eigenen. Aber sie passen nicht an deinen Fuß.

Genauso gilt das Gesetz Moses in Wirklichkeit für jemand anderen – den neutestamentlichen Gläubigen passt es jedenfalls *nicht*. Paulus schrieb an Timotheus:

> *Wir wissen aber, dass das Gesetz gut ist, wenn jemand es gesetzmäßig gebraucht, indem er dies weiß, dass **für einen Gerechten das Gesetz nicht bestimmt ist,** sondern für Gesetzlose und Widerspenstige, für Gottlose und Sünder, für Heillose und Unheilige, ... und wenn etwas anderes der gesunden Lehre entgegensteht, nach dem Evangelium der Herrlichkeit des seligen Gottes, das mir anvertraut worden ist. (1Tim 1,8-11 ELB)*

Welchen Zweck erfüllt das Gesetz? Paulus sagt, dass es ausschließlich für *Ungläubige* da ist. Unter dem alten Bund unterschied Gott zwei Arten von Menschen – Juden und Heiden. Heute unterscheidet er zwischen zwei anderen Gruppen – Gläubigen und Ungläubigen. Im Alten Testament war das Gesetz nur für die Juden. Heute spricht das Gesetz nur zu einer Gruppe, nämlich den Ungläubigen.

Welchen Platz also sollte das Gesetz in deinem Leben haben, wenn du Christ bist?

Halt den Mund!

Das Gesetz richtet sich nur an ein Publikum – Ungläubige. Aber was sagt ihnen das Gesetz? Und was ist ihre typische Reaktion, wenn das Gesetz spricht? Die Botschaft des Gesetzes wird am besten in einem Ausdruck zusammengefasst, der bei uns zu Hause in meiner Kindheit verboten war: »Halt den Mund!« Meine Mutter hat diesen Satz nie geduldet. Aber genau das ist es, was das Gesetz dem Ungläubigen sagt. Eigentlich bringt das Gesetz die ganze Welt zum Schweigen:

> *Das Gesetz richtet sich nur an ein Publikum – Ungläubige.*

> *Wir wissen aber, dass das Gesetz alles, was es spricht, zu denen sagt, die unter dem Gesetz sind, damit jeder Mund verstopft werde und alle Welt vor Gott schuldig sei, weil aus Werken des Gesetzes kein Fleisch vor ihm gerechtfertigt werden kann; denn durch das Gesetz kommt Erkenntnis der Sünde. (Röm 3,19-20)*

Manchmal hören die Leute nicht zu. Wenn du ihre Aufmerksamkeit erlangen willst, musst du schreien. Durch das Gesetz schreit

Gott der Welt zu, dass er nur mit Vollkommenheit zufrieden ist. Wenn wir diesen Maßstab sehen, bleibt uns nichts anderes übrig, als »den Mund zu halten«. Unser Mund wird zum Schweigen gebracht. Wir werden nicht aufgefordert, uns noch mehr anzustrengen. Aber wir können auch nicht einfach aufgeben und versuchen, ohne Gerechtigkeit zum Erfolg zu kommen. Wir stecken in der Klemme. Und ohne Eingreifen von außen würden wir für immer ziemlich hilflos dastehen.

Wie Adam und Eva werden wir uns unserer Nacktheit vor Gott bewusst. Aber es gibt auf der ganzen Erde nichts, um unsere Ungerechtigkeit zuzudecken. Das Gesetz deckt auf, wie abhängig wir von der Sünde sind und wie sehr wir Christus brauchen:

Wozu nun das Gesetz? ... Aber die Schrift hat alles unter die Sünde zusammengeschlossen, damit die Verheißung aufgrund des Glaubens an Jesus Christus denen gegeben würde, die glauben. (Gal 3,19.22)

Gelegentlich habe ich das Vorrecht, Gefängnisinsassen vom Evangelium zu erzählen. Einige der Männer sitzen eine lebenslängliche Strafe ab. Sie sind bis zu ihrem Tod eingesperrt. Wenn ich diese Gefängnisse betrete und die schweren Metalltüren sich hinter mir schließen, stelle ich mir vor, wie es wäre, selbst inhaftiert zu sein. (Ich habe mir sogar schon einmal ausgemalt, ich müsste drinnen bleiben, weil mit meinen Papieren etwas nicht in Ordnung war!)

Es gilt im Allgemeinen nicht als wünschenswert, auf unbestimmte Zeit im Gefängnis zu sitzen. Aber genauso beschreibt Paulus das Leben unter dem Gesetz. Es ist, als wäre man als lebenslänglich Gefangener eingesperrt:

Bevor es diesen Glauben gab, wurden wir vom Gesetz ge-
fangen gehalten. Wir waren eingeschlossen bis zu der Zeit,
in der der Glaube bekannt gemacht werden sollte. So führ-
te das Gesetz uns wie ein streng ermahnender Erzieher zu
Christus, damit wir durch den Glauben von Gott als gerecht
anerkannt würden. (Gal 3,23-24 NEÜ)

Unter dem Gesetz ist es wie im Gefängnis. Du wirst ständig daran erinnert, dass du schuldig bist und auf deine Urteilsvollstreckung wartest. Das Gesetz ermutigt uns nicht und es baut uns auch nicht auf. Mit seinem vollkommenen Maßstab reißt es nur unseren Stolz nieder. Es zeigt uns, dass wir es nie schaffen werden. Wie Paulus sagt, »führte das Gesetz uns … zu Christus«. Wie macht es das? Indem es uns zeigt, dass wir geistlich tot sind und neues Leben brauchen.

> **Unter dem Gesetz ist es wie im Gefängnis.**

Preis für ausgezeichnetes Fahren

Als Teenager fuhr ich auf den amerikanischen Highways meist viel schneller als erlaubt. Ich hatte weniger Probleme mit anderen Versuchungen, mit denen Teenager sonst normalerweise zu kämpfen haben. Aber aus irgendeinem Grund wurde ich magisch angezogen von schnellen Autos.

Einige Jahre lang erhielt ich ständig Verwarnungen und Strafzettel für zu schnelles Fahren. Einmal wurde ich sogar angezeigt, natürlich wieder wegen rücksichtslosen Fahrens mit viel zu hoher Geschwindigkeit. Es gab Zeiten, in denen ich das bedauerte – und für eine Weile langsamer fuhr. Aber nichts konnte meine Sucht nach Geschwindigkeit wirklich bremsen.

Aber stell dir vor, ich fahre eines Morgens zur Schule und halte mich an alle Tempolimits. Plötzlich fallen mir die vertrauten Blaulichter im Rückspiegel auf. Also fahre ich an den Straßenrand und warte, bis der Polizeibeamte aus seinem Streifenwagen aussteigt und mir zu verstehen gibt, dass ich mein Fenster herunterkurbeln soll.

Aber seltsamerweise hat der Beamte dieses Mal ein freundliches Lächeln auf seinem Gesicht. Er nähert sich meinem Auto mit strahlenden Augen und sagt: »Herr Farley, ich wollte mich einfach bei Ihnen bedanken, weil Sie sich so vorbildlich an die Geschwindigkeitsbegrenzungen halten. Sie sind ein guter Mensch. Der Bundesstaat Virginia schätzt Ihre Bemühungen, unsere Highways sicherer zu machen. Heute Morgen möchte ich Ihnen den Preis für ausgezeichnetes Fahren des Bundesstaates Virginia verleihen. Dieser Preis beinhaltet einen Gutschein, den Sie bei jedem Autohändler einlösen können. Herzlichen Glückwunsch!« Dann überreicht er mir den Gutschein mit den Worten: »Einen schönen Tag noch!«

Wow! Ich wäre perplex gewesen, du etwa nicht? Klar, denn so etwas erlebt man nur selten. Eigentlich bezweifle ich, dass so etwas überhaupt je geschieht. Ich habe jedenfalls noch nie gehört, dass ein Polizeibeamter jemanden an den Straßenrand dirigiert, um ihn für seinen vorbildlichen Fahrstil zu loben.

Aus irgendeinem Grund wird das Gesetz nur dann auf uns aufmerksam, wenn wir etwas falsch machen.

Genauso erhebt das Gesetz Moses nur dann den Zeigefinger, wenn wir versagt haben. Suchst du nach Liebe und Ermutigung?

> Gesetzlichkeit wird niemals Liebe hervorbringen.

Dann bist du beim Gesetz an der falschen Adresse. Aus diesem Grund kann zwar der strengste gesetzliche Mensch, den du kennst, einen Anschein von moralischem Lebensstil aufweisen, aber Gesetzlichkeit wird niemals Liebe hervorbringen. In einer Mentalität des Gesetzes zu leben ist, wie der Sklave eines äußerst anspruchsvollen Herrn zu sein. Die Arbeit geht nie aus. Und es ist *nie* genug, um ihn zufriedenzustellen. Jakobus lehrt: »Denn wer das ganze Gesetz hält, sich aber in *einem* verfehlt, der ist in *allem* schuldig geworden« (Jak 2,10).

Bestehen oder Durchfallen

Es ist egal, ob wir 1 Prozent oder 99 Prozent des Gesetzes halten. Stell dir einen Menschen vor, der fähig ist, einen Großteil des Gesetzes einzuhalten. Vielleicht kämpft er nur gelegentlich mit einem wirklich unbedeutenden Unterpunkt eines Paragrafen. Aber egal, ob wir das Gesetz überhaupt nicht oder doch zu einem großen Teil einhalten, wir sind unter ihm verflucht. Genauso schreibt es der Apostel Paulus: »Denn alle, die aus Werken des Gesetzes sind, die sind *unter dem Fluch*; denn es steht geschrieben: ›Verflucht ist jeder, der nicht bleibt in *allem*, was im Buch des Gesetzes geschrieben steht, um es zu tun‹« (Gal 3,10).

Wie kann Paulus nur so extreme Ansichten haben? Wir wissen, dass Paulus (damals hieß er noch Saulus) ein Mann war, der versuchte, jeden Aspekt des Gesetzes zu halten. Im Philipperbrief schreibt er sogar, er sei selbst »... im Hinblick auf die Gerechtigkeit im Gesetz untadelig gewesen« (Phil 3,6).

Sein Umfeld dachte vielleicht, er wäre untadelig. Aber Paulus wusste es besser. Auch er war mit dem Versagen vertraut, das uns alle ereilt, wenn wir versuchen, das Gesetz zu halten. Paulus schreibt darüber:

Was wollen wir nun sagen? Ist das Gesetz Sünde? Das sei ferne! Aber ich hätte die Sünde nicht erkannt, außer durch das Gesetz; denn von der Begierde hätte ich nichts gewusst, wenn das Gesetz nicht gesagt hätte: Du sollst nicht begehren! Da nahm aber die Sünde einen Anlass durch das Gebot und bewirkte in mir jede Begierde; denn ohne das Gesetz ist die Sünde tot. (Röm 7,7-8)

Beim Gesetz geht es um Alles oder Nichts. Entweder erfüllst du jedes i-Tüpfelchen des Gesetzes, oder du bist verflucht. Dazwischen gibt es nichts. Haben wir das Recht, uns die Rosinen aus dem Gesetz herauszupicken? Oder wurde uns der Luxus gestattet, eine Portion des Gesetzes mit Christus zu vermischen? Paulus warnt uns: Christus nützt uns überhaupt nichts, wenn wir unserem Leben in Christus auch nur den kleinsten Hauch von Gesetz hinzufügen:

> Beim Gesetz geht es um Alles oder Nichts.

*Siehe, ich, Paulus, sage euch: Wenn ihr euch beschneiden lasst, wird euch Christus nichts nützen. Ich bezeuge nochmals jedem Menschen, der sich beschneiden lässt, **dass er verpflichtet ist, das ganze Gesetz zu halten.** (Gal 5,2-3)*

Es ist paradox, wenn wir Christen Teile des mosaischen Gesetzes als Wegweiser für unser Leben übernehmen. Wir meinen, Gott würde uns nach Leistung benoten. Aber das Gesetz ist völlig unvereinbar mit dem Versuch, »unser Bestes zu geben«. Das Gesetz ist ein System, in dem wir entweder bestehen oder durchfallen.

Und *ein* Fehler bedeutet, dass du draußen bist.

7

In den Vereinigten Staaten kämpfen manche Christen dafür, dass in öffentlichen Gebäuden die zehn Gebote ausgehängt werden. Wir sagen, wir wollten nicht, dass unsere Gesellschaft ihre christlichen Wurzeln verliert.

Aber das Christentum hatte seine Wurzeln noch nie im Gesetz, noch nicht einmal in den zehn Geboten.

Das Gesetz erregt Sünde

Die Gebote sind nicht dazu da, Christen zu erziehen. Und sie sind auch keine Bremse für sündige Wünsche. Tatsächlich verursacht das Gesetz *noch mehr* Sünde.

*Denn als wir im Fleisch waren, **wirkten die Leidenschaften der Sünden**, die durch das Gesetz erregt wurden, in unseren Gliedern, um dem Tod Frucht zu bringen. (Röm 7,5 ELB)*

*Sünde aber ergriff **durch das Gebot die Gelegenheit** und bewirkte jede Begierde in mir; denn ohne Gesetz ist die Sünde tot. (Röm 7,8)*

Führt es automatisch zu einem gottgefälligen Leben, wenn wir uns an die zehn Gebote halten? Paulus führt uns zum gegenteiligen Schluss. Die Theologen diskutieren darüber, ob Paulus in Römer 7 von seinem geretteten oder verlorenen Zustand redet, aber wie auch immer: Entscheidend ist, dass der Mensch, ob errettet oder verloren, *das Gesetz nicht halten kann.* Das Gesetz reizt immer zur Sünde.

Das Gesetz reizt immer zur Sünde.

Das Gesetz weckt sündige Leidenschaften. Das Gesetz verschafft der Sünde eine Gelegenheit. *Davon* spricht Römer 7. Ist denn ein christliches Leben attraktiv, in dem wir uns ständig und uneingeschränkt an die zehn Gebote halten müssen? Paulus entdeckte, was jeder Mensch merken wird, der wirklich versucht, mit aller Kraft das Gesetz zu befolgen: Das Gesetz tötet. Gottes Plan war, dass Mose einen Dienst der *Verdammnis* einführte.

Ein kürzlich erschienenes humoristisches Buch schildert die Reise eines Mannes, der versuchte, ein ganzes Jahr lang nach den Regeln des Alten Testaments zu leben.[1] Er beschreibt haarklein, wie ein solches Leben für uns heute aussehen würde. Er änderte seine Ernährung und strich bestimmte Fleischsorten und Meeresfrüchte von seinem Speiseplan. Aus seinem Kleiderschrank verbannte er alles, was aus Mischgewebe bestand. Und er brachte sogar Tieropfer dar! Am Ende stellte er offen und humorvoll fest, dass er noch nicht einmal einen Bruchteil der Regeln des Alten Testaments einhalten konnte. Er beschreibt auch die verworrene Beweisführung einiger seiner jüdischen Mitmenschen, die zu dem Schluss gekommen waren, heute sei vieles irgendwie

---

1 A. J. Jacobs, *Die Bibel & ich.* Berlin: List Taschenbuch, 2009.

anders und sie müssten gar nicht *alle* Einschränkungen des Gesetzes einhalten, sondern nur einen Teil davon.

Die Zehn

Viele stimmen darin überein, dass der zeremonielle Teil des Gesetzes, der alles von der Ernährung bis hin zum Kleiderschrank regelt, für heutige Christen nicht mehr gälte. Es sind auch wirklich nur sehr wenige Christen, die versuchen, diese Regeln einzuhalten. Aber sollten Christen die zehn Gebote noch als ihren moralischen Wegweiser betrachten?

Wenn Paulus davon spricht, dass das Gesetz sündige Leidenschaften in uns weckt, nimmt er als Beispiel dafür das Begehren. Er erklärt, dass eines der zehn Gebote ihn zur Sünde reizte. Die Sünde benutzte das Gebot »Du sollst nicht begehren«, um Paulus dazu zu bringen, durch eigenes Bemühen mit dem Begehren aufzuhören. Und das natürliche Ergebnis war – Begierde! Wenn fleischliche Bemühungen versuchen, die Sünde zu überwinden, gewinnt jedes Mal die Sünde die Oberhand. Also kämpfte Paulus am Ende gegen *jede Art* von Begierde.

Ich finde es amüsant, dass ein eifriger religiöser Leiter nicht damit aufhören konnte, immer die Sachen anderer Leute haben zu wollen! Klar, Saulus von Tarsus konnte sein Äußeres aufpolieren. Aber in seinem Inneren wurde er für schuldig befunden, die Besitztümer anderer haben zu wollen.

Vielleicht war Paulus' Mantra auch gewesen: »Ich habe das Gesetz bekämpft, und das Gesetz hat gewonnen.«

Im 2. Korintherbrief sehen wir den Beweis dafür, dass die zehn Gebote nichts anderes mit sich bringen als Verdammnis und Tod:

*Wenn aber der Dienst des Todes durch **in Stein gegrabene Buchstaben** von solcher Herrlichkeit war, dass die Kinder Israels nicht in das Angesicht Moses schauen konnten wegen der Herrlichkeit seines Antlitzes, die doch vergänglich war, wie sollte dann nicht der Dienst des Geistes von weit größerer Herrlichkeit sein? Denn wenn der Dienst der Verdammnis Herrlichkeit hatte, wie viel mehr wird der Dienst der Gerechtigkeit von Herrlichkeit überfließen! (2Kor 3,7-9)*

Woher können wir wissen, dass Paulus hier von den zehn Geboten spricht und nicht von irgendwelchen zeremoniellen Regelungen? Er erwähnt ausdrücklich, dass es sich bei diesem Dienst um »in Stein gegrabene Buchstaben« handelte. Das traf nur auf die zehn Gebote zu. Also waren sie ein Dienst mit dem Ziel der Verdammnis.

Wenn wir unter dem Gesetz leben, wird die Sünde über uns herrschen. Wenn wir frei vom Gesetz leben (unter der Gnade), wird uns die Sünde nicht überwältigen: »Denn die Sünde wird nicht herrschen über euch, weil ihr nicht unter dem Gesetz seid, sondern unter der Gnade« (Röm 6,14).

Die Freiheit von der Macht der Sünde, die wir alle wollen, liegt direkt vor unserer Nase. Was hindert uns daran, den Sieg über unsere Versuchung zu erringen? *Die Art, wie wir in diesen Kampf ziehen.* Wenn wir uns mit dem Gesetz wappnen, ist das Versagen schon vorprogrammiert.

Wir nennen es vielleicht *Selbstdisziplin* oder *Eigenverantwortung* – oder erfinden irgendeinen anderen Begriff. Aber solange es irgendetwas anderes ist als die Abhängigkeit von Christus in uns, wird es unweigerlich die Räder menschlicher Anstrengung in Bewegung setzen. Allein die richtige Perspektive entscheidet unseren Kampf gegen die Sünde.

Aber hilft Gott uns denn nicht, das Gesetz zu halten?

Wenn wir diesen Gedanken konsequent zu Ende denken, dann müsste uns der Heilige Geist auch dazu motivieren, Schweinefleisch zu meiden, nur Kleidung aus Leinen zu tragen, uns von Freunden und Familienmitgliedern fernzuhalten, die Hautkrankheiten haben, und von Freitagabend bis Samstagabend keine Arbeit zu verrichten, oder nicht? Wir müssten Grillpartys absagen und Stretch-Jeans und Pullis wegwerfen, dürften freitagabends keine E-Mails mehr schreiben und am Samstag nicht mehr im Garten arbeiten. Ist das die Absicht des Geistes Gottes in deinem Leben?

> Wenn wir uns mit dem Gesetz wappnen, ist das Versagen schon vorprogrammiert.

Denk einmal darüber nach.

Chihuahua

»Mach mal halblang!«, schrie einer von ihnen mich an. »Du siehst das alles zu extrem. Ich stimme dir zwar zu, dass der Heilige Geist uns nicht dabei hilft, das ganze 3. Buch Mose zu befolgen, aber an die zehn Gebote sollten wir uns schon halten. Und wir sollten den Heiligen Geist darum bitten, uns dabei zu helfen!«

Ich hielt ein zweitägiges Seminar für Pastoren, Bibelschüler und Gemeindeleiter im mexikanischen Chihuahua. Es war unser zweiter Tag und die Besucherzahl war von vierzig am ersten Tag auf ungefähr zweihundert angewachsen. Die Begeisterung nahm zu und es schien, als würden sich die Leute immer mehr aus den Klauen der Religiosität lösen.

Wir machten eine Pause und ich nippte an meinem Kaffee. Und jetzt standen plötzlich vier Leiter vor mir, die aufgebrachter waren als Hornissen. Nachdem ich mir einige Minuten lang ihre hitzig vorgebrachten Argumente angehört hatte, wurde mir klar, was sie am meisten ärgerte: meine Behauptung, Christen seien auch von den zehn Geboten befreit.

»Aber das Einhalten des Sabbats gehört *auch* zu den zehn Geboten, und ihr haltet doch sicher nicht den jüdischen Sabbat, der von Freitagabend bis Samstagabend geht, oder?«, fragte ich. »Äh, nein.« – »Dann haltet ihr also die neun Gebote, ohne den Sabbat?«

An diesem Punkt war die Pause zu Ende und wir beendeten auch unsere Diskussion. »Denkt mal darüber nach«, merkte ich noch an, als wir wieder in den Seminarraum zurückkehrten.

Schlechter Ersatz

Gott hat uns nie erlaubt, uns einfach unsere Lieblingsstücke aus dem Gesetz herauszupicken und selbst zu wählen, welche wir befolgen wollen. Er befreite uns vom gesamten Gesetz, indem er es durch Jesus Christus erfüllte. Wir müssen jetzt *gar nichts mehr* davon erfüllen.

Aber wie können wir geistlich integer leben, wenn die zehn Gebote uns nicht als Richtschnur dienen? Nachdem wir gehört haben, dass Christen das Gesetz nicht mehr brauchen, ist diese Frage nur allzu natürlich. Die kurze Antwort darauf lautet: Wenn wir glauben, kommt der Heilige Geist und lebt in uns, und *er ist genug!* Die Früchte, die durch den Heiligen Geist in uns wachsen, reichen aus. Denn »gegen all diese ist das Gesetz nicht gerichtet« (Gal 5,23).

Das Neue Testament lehrt, dass alle, die *vom Geist geleitet werden*, nicht unter dem Gesetz sind. Das Gesetz ist ein schlechter Ersatz für die Leitung des Heiligen Geistes. Wir denken vielleicht, dass das Leben nach den zehn Geboten eine gute Möglichkeit ist, unser Haus in Ordnung zu halten. Aber ein Leben nach dem Gesetz hat die entgegengesetzte Wirkung! Es gibt nur eine einzige sinnvolle Entscheidung: zuzulassen, *dass Christus durch uns lebt.* Das ist Gottes Art, auf unser Leben einzuwirken und sein Leben sichtbar zu machen.

> Das Gesetz ist ein schlechter Ersatz für die Leitung des Heiligen Geistes.

Manche sagen: »Ich lebe nicht unter dem Gesetz Moses. Ich weiß, dass ich frei bin von diesen Geboten. Stattdessen lebe ich nach ›christlichen Grundsätzen‹«. Das klingt nett, ist aber nur eine Abwandlung eines immer noch auf dem Gesetz basierenden Ansatzes. Und das hindert uns daran, in der Abhängigkeit des Heiligen Geistes zu leben. Wir wissen, dass ein vom moralischen Standpunkt aus gesehen »gutes Leben« uns daran hindert, die Errettung aus Gnade zu verstehen. Wenn wir uns also für »Moral« entscheiden, kann das einen Christen davon abhalten, sich einzig und allein auf Christus zu verlassen. Ein »tolles« Leben kann gerade auch für den Christen ein verstecktes Hindernis für ein Leben aus der Gnade sein.

Die Faszination der Regeln

Grundsätze, Regeln und Maßstäbe – egal für wie »christlich« wir sie auch halten – sind ein schlechter Ersatz für das Leben, das uns direkt von Gott eingehaucht wird. Im Kolosserbrief lesen wir von Regeln und davon, dass sie für Christen keinen Wert haben.

*Wenn ihr nun mit Christus den Grundsätzen der Welt gestorben seid, weshalb lasst ihr euch Satzungen auferlegen, als ob ihr noch in der Welt lebtet? »Rühre das nicht an, koste jenes nicht, betaste dies nicht!« – was doch alles durch den Gebrauch der Vernichtung anheimfällt – [Gebote] nach den Weisungen und Lehren der Menschen, die freilich **einen Schein von Weisheit** haben in selbst gewähltem Gottesdienst und Demut und Kasteiung des Leibes, [und doch] **wertlos sind und zur Befriedigung des Fleisches dienen.** (Kol 2,20-23)*

Paulus gibt zu, dass Grundsätze, Gebote und Regeln zum Zweck der Selbstverbesserung eine gewisse Faszination auf uns ausüben. Aber er lehnt sie ab, weil sie keine Kraft haben, um in unserem Leben echte Veränderung zu bewirken. Er spricht hier nicht davon, wie wir errettet werden. Er bezieht sich darauf, wie wir das Leben angehen, *nachdem* wir mit Christus gestorben sind.

Wie soll echte Anbetung aussehen? Was macht uns wirklich demütig? Was bringt uns letztendlich den Sieg über die Sünde in unserem Leben? Paulus spricht vom *täglichen Leben* des Christen. Und Regeln und Gesetze, so betont er mit Nachdruck, sind nicht der Weg, den wir einschlagen sollten.

Manche mögen einwenden: »Ich weiß, dass das Leben nach Gesetzen mich nicht rettet. Aber jetzt, wo ich errettet bin, brauche ich doch Regeln, nach denen ich leben kann.« Dasselbe sagten die Galater und zwangen damit Paulus, Folgendes zu schreiben:

Das allein will ich von euch erfahren: Habt ihr den Geist durch Werke des Gesetzes empfangen oder durch die Ver-

kündigung vom Glauben? Seid ihr so unverständig? Im Geist
habt ihr angefangen und wollt es nun im Fleisch vollenden?
(Gal 3,2-3)

Paulus spricht hier zu Christen, die den Geist bereits empfangen haben, aber zum Zweck der Selbstverbesserung zum Gesetz zurückkehren. Sie empfingen den Heiligen Geist durch Glauben. Paulus ermahnt sie, jetzt nicht mit menschlicher Anstrengung weiterzumachen!

Diese und ähnliche Abschnitte im Neuen Testament sprechen das Thema des *täglichen Lebens* an. Paulus räumt mit dem Mythos auf, Gott würde es gefallen, wenn wir uns mithilfe von Regeln selbst »vervollkommnen« wollen. Und er würde uns heute dieselbe Frage stellen: »Ist nicht die Gegenwart des auferstandenen Christus in euch genug?«

8

Gott will nicht, dass der Christ durch Gesetze oder Regeln motiviert wird. Aber ich will hier auch noch einmal klarstellen, was ich damit *nicht* behaupte.

Ich sage *nicht*, das Gesetz *an sich* sei sündig. Antinomisten (Gesetzeshasser) haben die Bibel seit der Zeit der frühen Gemeinde falsch ausgelegt. Sie sagen, das Gesetz sei böse. Paulus bekämpft diese falsche Lehre und stellt klar, dass das Gesetz nicht Sünde ist. Im Gegenteil, er erklärt, es sei heilig, gerecht und gut: »So ist nun das Gesetz heilig, und das Gebot ist heilig, gerecht und gut« (Röm 7,12).

Am Gesetz an sich gibt es nichts Unvollkommenes. Es ist ohne Makel. Die korrekte Einstellung zum Gesetz ist, dass es *nicht* fehlerhaft ist. Doch in Kombination mit menschlicher Anstrengung führt sein perfekter Maßstab zum Versagen. Kurz gesagt: Das Gesetz *ist* vollkommen, aber es *macht* niemanden vollkommen.

Es bleibt bestehen

Das Gesetz ist nicht von der Bildfläche verschwunden, nur weil wir das Neue haben. Es ist immer noch in Kraft, um die ungläubige Welt zu überführen. Wie die Worte Jesu zeigen, bleibt das Gesetz als allgegenwärtige Kraft bestehen, bis Himmel und Erde vergehen:

Ihr sollt nicht meinen, dass ich gekommen sei, um das Gesetz oder die Propheten aufzulösen. Ich bin nicht gekommen, um aufzulösen, sondern um zu erfüllen! Denn wahrlich, ich sage euch: Bis Himmel und Erde vergangen sind, wird nicht [ein] Buchstabe noch ein einziges Strichlein vom Gesetz vergehen, bis alles geschehen ist. (Mt 5,17-18)

Die Aussage Jesu mag dem widersprechen, was Paulus im Epheserbrief sagt. Kann das sein? Nun, Paulus sagt über die Trennwand zwischen Juden und Heiden (das Gesetz), die abgetan worden ist:

Denn Er ist unser Friede, der aus beiden eins gemacht und die Scheidewand des Zaunes abgebrochen hat, indem er in seinem Fleisch die Feindschaft, das Gesetz der Gebote in Satzungen, hinwegtat, um die zwei in sich selbst zu einem neuen Menschen zu schaffen und Frieden zu stiften. (Eph 2,14-15)

Paulus' Worte werden manchmal dahin gehend falsch ausgelegt, dass das Gesetz abgeschafft wurde. Aber das würde der Lehre Jesu widersprechen, dass das Gesetz bestehen bleibt bis ans Ende dieser Welt. Paulus meint wohl eher, dass das Gesetz für das Leben in Christus keine Bedeutung mehr hat. Sowohl Juden als Heiden werden jetzt durch dieselbe Gnade gerettet. Das, was die Juden von den Heiden trennte, hat keinen Bestand mehr. Das ist etwas völlig anderes als zu behaupten, das Gesetz sei abgeschafft worden.

Die deutlichste Aussage über die Nutzlosigkeit des Gesetzes für uns Christen wurde im Timotheusbrief gemacht: »Wir wissen aber, dass das Gesetz gut ist, wenn man es gesetzmäßig anwendet und berücksichtigt, dass einem Gerechten kein Gesetz auferlegt ist …« (1Tim 1,8-9a). Hier finden wir eine ausgewogene Sicht des Gesetzes. Das Gesetz besteht noch und es hat noch heute einen Zweck. Aber es ist nicht als Hilfe oder Wegweiser für den Alltag des Christen gedacht. Sein einziger Zweck ist, die Gottlosen von ihrem geistlich toten Zustand zu überführen.

> Das Gesetz hat für das Leben in Christus keine Bedeutung mehr.

Wenn wir verstehen, welchen Platz das Gesetz in der heutigen Welt hat, werden wir nicht dem Irrtum des Antinomismus (Gesetzeshass) erliegen. Und wenn wir erkennen, dass das Gesetz im Leben des Christen keinen Platz hat, werden wir auch nicht den Fehler der Gesetzlichkeit begehen.

Erfüllt

Gottes Ziel ist also *nicht*, dass die Christen heute das Gesetz erfüllen. Warum nicht? Weil er es bereits erfüllt hat.[2] Folglich versucht der Heilige Geist nicht, uns Christen unter das Gesetz zu bringen. Und er hilft uns auch nicht, es zu erfüllen. Jesus hat die Anforderungen des Gesetzes bereits erfüllt. Und allen, die aus dem Geist geboren sind, werden diese durch Jesus erfüllten Anforderungen des Gesetzes zugerechnet:

---

2   siehe Streiflicht 1 auf S. 275.

*Denn was dem Gesetz unmöglich war – weil es durch das Fleisch kraftlos war –, **das tat Gott**, indem er seinen Sohn sandte in der gleichen Gestalt wie das Fleisch der Sünde und um der Sünde willen und die Sünde im Fleisch verurteilte, **damit die vom Gesetz geforderte Gerechtigkeit in uns erfüllt würde**, die wir nicht gemäß dem Fleisch wandeln, sondern gemäß dem Geist. (Röm 8,3-4)*

Gott hat *bereits etwas getan*. Er hat die Anforderungen des Gesetzes *vollständig erfüllt*. Er sandte seinen Sohn als Sündopfer, damit er die Sünde verurteilen konnte.

Hatte Gott damit Erfolg? Natürlich. Und wann war das? Vor ungefähr zweitausend Jahren. Versucht Gott dann heute immer noch, das Gesetz zu erfüllen? Nein, er hat es bereits erfüllt. Das ist schon längst geschehen.

Gott tat das, damit das Gesetz *in* uns völlig erfüllt wäre, aber nicht *durch* uns. Wenn wir zu Christus kommen, wird all das, was er getan

> Unsere Gerechtigkeit ist größer als alle Anstrengungen der Pharisäer zusammengenommen.

hat, um das Gesetz zu erfüllen, *in* uns hineingelegt und uns angerechnet. Das macht unsere Gerechtigkeit größer als alle Anstrengungen der Pharisäer zusammengenommen, und zwar schon vom ersten Tag an, an dem wir glauben.

»Du bist für mich gestorben«

In Mafiafilmen sieht man manchmal, wie ein enttäuschter Don seinen Sohn davon in Kenntnis setzt, dass ihre Beziehung beendet ist. Der Don ruft: »Sohn, du bist für mich gestorben.« Der Sohn heftet den Blick auf den Boden und Tränen laufen ihm über die Wangen. Langsam verlässt er den Raum und seine Familie für immer. Die Verbindung zwischen ihm und seinem Vater ist vorbei. Er ist von der Familie abgeschnitten und kehrt nie wieder zu ihr zurück.

Der Römerbrief sagt uns, dass wir *dem Gesetz gestorben* sind. So wie der Mafia-Don vom Verhalten seines Sohnes enttäuscht war, ist »Don Gesetz« von uns enttäuscht. Wir schaffen es nicht, uns so zu verhalten, dass wir auf seiner guten Seite bleiben können. Mit »Don Gesetz« unter einem Dach zu leben, das hat uns umgebracht.

Was war Gottes Lösung? Gott ließ uns dem Gesetz sterben, damit wir in eine neue Familie hineingeboren werden und eine neu gefundene Freiheit erleben können. So schreibt es Paulus: »Nun bin ich aber durch das Gesetz dem Gesetz gestorben, um für Gott zu leben« (Gal 2,19).

In dem Augenblick, in dem wir der Gesetzesfamilie sterben, werden wir von einer weit mächtigeren Familie aufgenommen. Da wir nun Teil einer neuen Familie sind, sind wir nicht mehr länger den Anforderungen von »Don Gesetz« unterstellt:

*Also seid auch ihr, meine Brüder, dem Gesetz getötet worden durch den Leib des Christus, damit ihr einem anderen zu eigen seid, nämlich dem, der aus den Toten auferweckt worden ist, damit wir Gott Frucht bringen. ... Jetzt aber sind wir vom Gesetz frei geworden, **da wir dem gestorben sind, worin wir festgehalten wurden,** sodass wir im neuen Wesen des Geistes dienen und nicht im alten Wesen des Buchstabens. (Röm 7,4+6)*

Erinnern wir uns: Das Gesetz kam hinzu, damit die Sünde *zunähme*, nicht damit sie abnähme (Röm 5,20). Gott kannte die Auswirkungen des Gesetzes. Durch das Gesetz werden wir uns der Sünde bewusst. Durch das Gesetz sterben wir. Das Gesetz tötet. Wenn wir das erkennen, sind wir bereit, uns auf etwas Neues einzulassen.

Die kolumbianische Leiche

Meine Frau Katharine lebte als Kind mit ihren Eltern in Kolumbien. Sie waren dort vier Jahre lang als Missionare tätig. In Kolumbien lernte Katharine einige der gesetzlichsten Gemeinden kennen, die man sich überhaupt vorstellen kann. Älteste und Diakone, die in ihrem Umfeld hohes Ansehen genossen, wurden mit den Frauen anderer Männer erwischt. Es kam heraus, dass hoch verehrte Gemeindeleiter Alkoholiker, Spielsüchtige oder Erpresser waren.

Das vielleicht erstaunlichste Ereignis war, als das Auto eines Mannes in seiner eigenen Einfahrt in die Luft flog; man vermutete einen Mordanschlag. Der verkohlte Leichnam wurde aus den Flammen geborgen und bestattet. Ungefähr ein Jahr später entdeckte man den Mann in einer anderen Stadt – er lebte noch und war mit einer anderen Frau verheiratet! Es stellte sich heraus, dass er auf dem Friedhof eine Leiche ausgebuddelt und damit seinen eigenen Tod inszeniert hatte.

Offenbar steckten seine hohen Spielschulden bei der Mafia hinter dem Ganzen.

Katharine bekam beides mit, extreme Gesetzlichkeit und gleichzeitig extremes Sündigen. Diese unglaublichen Erlebnisse waren für sie eine wichtige Illustration für das Leben unter dem

Gesetz. Wir können uns gut anziehen, Gemeinde spielen und den Respekt aller um uns herum erwerben, indem wir unsere strengen religiösen Regeln herumposaunen. Aber egal wie sehr wir auch unseren äußeren Lack polieren mögen, die Wirklichkeit ändert sich dadurch nicht. Früher oder später wird das Leben unter dem Gesetz seine Früchte hervorbringen.

In Christus sterben wir und werden wiedergeboren – frei vom Gesetz. Wir müssen also nichts vortäuschen. Wenn wir aber nur Gemeinde spielen, bewirkt das jedes Mal nur noch *mehr* Sünde.

9

Wir sind also frei vom Gesetz, aber was ist zum Beispiel mit dem Einhalten des Sabbats und dem Zehnten? Wir können diese Themen nicht einfach ignorieren, denn sie rauben den Christen ihre Freiheit – wie jeder andere Aspekt des Gesetzes auch.

Ja, das wöchentliche Einhalten des Sabbats und das Geben des Zehnten sind im Gesetz verankert. Wenn wir sie jedoch den Gläubigen heute auferlegen, müssen wir gleichzeitig auch den ganzen Rest des Gesetzes einhalten. Das Gesetz fordert alles oder nichts. Lediglich Teile davon zu übernehmen, das geht nicht.

Der heutige Sabbat

Für die Juden war der Sabbat im Wesentlichen eine Erinnerung an den siebten Schöpfungstag, an dem Gott von seinen Werken ruhte. Dementsprechend wies Gott Israel an, sich an den Sabbattag zu *erinnern* und an ihm zu ruhen.

Heute schauen wir zurück auf das vollbrachte Schöpfungswerk. Gemeinsam mit König David staunen wir darüber, wie vielfältig und wunderschön das Weltall ist (Ps 8; Ps 19). Doch noch etwas viel Größeres wurde vollbracht – das Erlösungswerk Jesu Christi am Kreuz. So wie Gott seine Schöpfung »gut« nannte und dann ruhte, verkündete Jesus auf Golgatha: »Es ist vollbracht!«, und setzte sich dann zur Rechten Gottes.

Der Verfasser des Hebräerbriefs lädt uns ein, mit Gott zusammen auszuruhen. Wir ruhen, indem wir unsere toten Werke sein lassen, von denen wir dachten, sie würden uns Gottes Gunst einbringen. Anstatt religiöse Verrenkungen zu machen, um unsere Sünden loszuwerden, können wir uns mit Jesus hinsetzen und einfach mit ihm sagen: »Ja, es ist vollbracht.« Das heißt, in Gottes Ruhe einzugehen. Das bedeutet es heute, den Sabbat zu feiern.

> Christus ist die Wirklichkeit. In ihm finden wir die echte Sabbatruhe.

*Also bleibt dem **Volk Gottes** noch eine **Sabbatruhe** vorbehalten; denn wer in seine Ruhe eingegangen ist, der **ruht auch selbst von seinen Werken**, gleichwie Gott von den seinen. So wollen wir denn eifrig bestrebt sein, in jene Ruhe einzugehen, damit nicht jemand als ein gleiches Beispiel des Unglaubens zu Fall kommt. (Hebr 4,9-11)*

Es ist möglich, anhand des Schattens, den ein Baum wirft, seine Höhe zu berechnen. Wenn du den Schatten ansiehst, bekommst du ein Gefühl für die Grundform des Baumes. Mithilfe des Schattens kannst du die Wirklichkeit abschätzen. Die Juden hatten beim Sabbat nur einen Schatten der Realität. Christus ist die Wirklichkeit. In ihm finden wir die echte Sabbatruhe. Es ist geradezu erschreckend, wenn man sich vorstellt, dass die Juden mehrere Tausend Jahre lang den *Schatten* ehrten, den Sabbat. Und wir auf unserer Seite des Kreuzes können die *Realität* der Ruhe in Christus erleben!

Gott berauben?

Viele, die erkannt haben, dass sie von der wöchentlichen Einhaltung des Sabbats frei sind, behaupten aber immer noch, Gott würde mindestens zehn Prozent unseres Einkommens von uns fordern. Sie sagen: Wenn du der Gemeinde nicht mindestens so viel gibst, »beraubst« du Gott. Aber woher kommt diese Vorstellung vom Zehnten?

Wenn ein Pastor den Begriff *Zehnter* benutzt und zehn Prozent als Maßstab des Gebens festlegt, dann lehrt er das Gesetz.

Josefs Bruder Levi war der Vorvater des einzigartigen Stammes der Leviten. Als die Israeliten aus Ägypten flohen, teilten sie das neue Gebiet nach Stämmen auf. Aber die Leviten erhielten kein Land, das sie bestellen und bebauen konnten. Sie wurden stattdessen damit beauftragt, in der Stiftshütte als Priester zu dienen.

Unter dem Gesetz war es den Priestern nicht erlaubt, eigene Häuser, Eigentum oder Besitz zu haben. Wie konnte dieser Priesterstamm dann überleben? Durch die Unterstützung, die er von den anderen Stämmen erhielt. Den Priestern wurde durch das Gesetz der Zehnte zugesprochen, also zehn Prozent des Einkommens der übrigen Israeliten. Auf diese Weise konnte Gottes Priesterstamm einen annehmbaren Lebensstandard aufrechterhalten und ihm doch hauptamtlich dienen.

Die heutige christliche Lehre über das Geben ist oft nicht konsequent. Wenn ein Pastor oder Gemeindeleiter den Begriff *Zehnter* benutzt und zehn Prozent als Maßstab des Gebens festlegt, dann lehrt er das Gesetz. Wenn wir das Leben ebendieses Leiters genauer unter die Lupe nehmen würden, würden wir eine krasse Inkonsequenz entdecken. Denn er besitzt ein Haus und anderes Eigentum! Vielleicht verdient er sich durch das Abhalten von Trauungen, das Schreiben von Büchern oder als Bibelschullehrer noch etwas dazu. Dasselbe Gesetz, das den Zehnten festlegt, erlaubt ihm aber genau das nicht.

Außer an der einen Stelle, an der historisch darauf Bezug genommen wird, dass Abraham einem fremden Priester mit dem Namen Melchisedek Ehre erwies, indem er ihm den Zehnten seiner Kriegsbeute gab (Hebr 7,6), wird das Wort *Zehnter* in den neutestamentlichen Briefen kein einziges Mal mehr erwähnt. Wie könnte also das Geben unter dem neuen Bund aussehen? Gott möchte, dass die Gläubigen geben

- wenn es eine Not gibt (2Kor 8,14),
- gemäß dem, was sie selbst haben (2Kor 9,7),
- nicht aus Schuldgefühlen oder aus Zwang (2Kor 9,7),
- aus einem freudigen Herzen (2Kor 9,7).

Ich glaube, dass wir Gemeindeleiter sowohl die Freiheit vom Zehnten verkündigen als auch das freiwillige Geben lehren sollten. Gläubige haben die volle Freiheit, 1 Prozent, 10 Prozent oder 100 Prozent zu geben. Eine gesunde Gemeinde braucht Klarheit über das Geben aus Gnade.

Alles andere ist gesetzlich.

Drei Viertel deiner Bibel

Nachdem wir jetzt unsere Freiheit vom Sabbat und vom Zehnten erkannt haben, stellt sich die nächste Frage: Welchen Nutzen hat denn dann das Alte Testament? Dabei sollten wir allerdings Folgendes im Hinterkopf haben:

> *Alle Schrift ist von Gott eingegeben und nützlich zur Belehrung, zur Überführung, zur Zurechtweisung, zur Erziehung in der Gerechtigkeit, damit der Mensch Gottes ganz zubereitet sei, zu jedem guten Werk völlig ausgerüstet. (2Tim 3,16-17)*

Ich habe behauptet, das Gesetz habe für das Leben eines Gläubigen keinerlei Bedeutung. Aber das Alte Testament ist trotzdem ein Schatz, den wir nicht unbeachtet lassen sollten. Im Alten Testament erfahren wir, wie die Welt erschaffen wurde. Wir lesen vom Sündenfall des Menschen. Wir erfahren, warum es so viel Böses in der Welt gibt. Wir erleben die Geschichte des Handelns Gottes mit seinem Volk. Wir sehen seine Treue trotz ihrer Untreue. Wir sehen das Wirken der Propheten Gottes und wie Gott seine Güte erweist. Wir erfahren, was Gott unter Weisheit versteht und wie sich Gottes Weisheit von menschlicher Weisheit unterscheidet. Wir entdecken erste Hinweise auf den kommenden Messias und können dadurch klarer erkennen, wie Jesus die Weissagungen erfüllte.

Das Alte Testament bietet uns etwas, das wir vom Neuen nicht bekommen können. Es gibt ausführliche Hintergrundinformationen dazu, wie Gott zu den Menschen eine Beziehung aufnahm und wie wir alles taten, um diese Beziehung zu zerstören. Das Erlösungswerk Christi gewinnt vor der Kulisse dessen, wie abscheulich sich die Menschheit gegenüber Gott verhalten hat, eine noch viel größere Bedeutung. Wie gnädig war doch unser Gott im gesamten Verlauf der Menschheitsgeschichte!

Wir dürfen auch nicht vergessen, dass die Verheißung des Neuen ihre Wurzeln im Alten hat. Gott sagte Abraham, er würde durch seinen Samen (Jesus) zum Vater vieler Völker. Die Verheißung, dass das Heil zu vielen Nationen kommen würde, wurde im Alten Testament gegeben, schon lange vor dem Gesetz.

> Das Alte Testament nicht zu beachten wäre, wie wenn wir einen großen Teil des Bildes zuhängen würden, das Gott seit mehreren tausend Jahren malt.

Das Alte Testament nicht zu beachten wäre, wie wenn wir einen großen Teil des Bildes zuhängen würden, das Gott seit mehreren Tausend Jahren malt. Aber es ist wichtig, dass wir aus dem Alten Testament lesen und lehren und es im richtigen Zusammenhang tun.

Im Alten Testament sehen wir, wie Gott die Israeliten für ihre Sünden bestraft. Im Neuen Testament sehen wir, wie er Jesus für unsere Sünden straft. Im Alten Testament sehen wir, wie Gott seine Gegenwart von den Menschen zurückzieht. Im Neuen Testament sehen wir, dass er uns niemals verlassen oder aufgeben wird. Sogar David, ein Mann nach dem Herzen Gottes, flehte Gott an, seinen Heiligen Geist nicht von ihm zu nehmen: »Verwirf mich nicht von deinem Angesicht, und nimm deinen heiligen Geist nicht von mir« (Ps 51,13). Solche Gebete finden wir bei den Aposteln des neuen Bundes nicht.

Auf unserer Seite des Kreuzes ist das Leben total anders – diese Wahrheit müssen wir im Hinterkopf behalten, wenn wir das Alte Testament lesen. Dort lesen wir von Speisevorschriften, nach denen wir aber nicht leben müssen. Wir lesen von zeremoniellen Regelungen, die wir aber nicht einhalten müssen. Wir lesen von den Anforderungen des Sabbats und des Zehnten, an die wir aber nicht gebunden sind. Doch diese Einschränkungen, Regelungen, Forderungen und Gebote lassen uns das viel höher schätzen, was Jesus für uns vollbracht hat.

10

Die ganze Geschichte begann in einem Garten, als eine Frau einen Bissen von einer Frucht nahm, die ihr von einer Schlange angeboten wurde (1Mo 3,6). Das war doch *offensichtlich* böse, oder etwa nicht? Nun, eigentlich nicht wirklich. Wir machen den Fehler zu denken, Eva sei von dem Wunsch getrieben worden, Böses zu tun. Aber weit gefehlt! In Wirklichkeit wollte sie *das Böse vermeiden* und *Gutes tun*. Eigentlich wollte sie das tun, was Gott tut – selbst entscheiden und die Fähigkeit haben, das Böse zu erkennen und abzulehnen und das Gute zu tun.

Der Baum der Moral

Adam und Eva aßen nicht vom »Baum des Bösen«. Sie aßen vom Baum *der Erkenntnis des Guten und Bösen*. Das ist ein großer Unterschied. Sie wollten nicht sündigen, so wie wir das normalerweise verstehen. Sie strebten nach einer Form von Göttlichkeit. Sie wollten sein wie Gott. Die Schlange köderte sie mit dieser Gottähnlichkeit und schaffte es, sie damit zu verführen. Auch heute wird Gottähnlichkeit noch als lohnendes Ziel angesehen.

Aber Gott wollte nie, dass der Mensch sich damit quält, einen Moral-Kodex zu entwickeln und einzuhalten. Der Sündenfall im Garten Eden geschah, weil Satan in seiner List die ersten Menschen dazu anstiftete, sich von Gott abzuwenden und sich auf ihre eigene Anstrengung zu verlassen. Adam und Eva überdachten ihr Vertrauen in Gottes Wege und wählten stattdessen den Weg der Moral. Und dieser Wunsch, ein eigenes System von Richtig und Falsch zu entwickeln, war ihr tödlicher Fehler.

> Adam und Eva überdachten ihr Vertrauen in Gottes Wege und wählten stattdessen den Weg der Moral.

Wenn wir uns vorstellen, wie Adam und Eva einen Bissen von der Frucht nahmen, würden wir sie gerne fragen: »Wie konntet ihr das nur tun? Es gab doch nur *Eines*, was ihr nicht tun solltet, und nun habt ihr alles versaut, und wir müssen es ausbaden!« Aber was war eigentlich ihr Motiv? Obwohl sie ganz offensichtlich ungehorsam waren, könnten wir sagen, der Grund dafür war »richtig«. Sie wollten alles »richtig« machen. Sie wollten Richtig von Falsch unterscheiden, damit sie sich für das Richtige entscheiden und das Falsche bleiben lassen konnten.

Woher wissen wir, dass sie nicht am Bösen interessiert waren? Die verführerische Aussage der Schlange war: »An dem Tag, da ihr davon esst, werden euch die Augen geöffnet, und ihr werdet sein wie Gott und werdet erkennen, was gut und böse ist!« (1Mo 3,5). Und das war ihr Untergang! Sie bewunderten Gottes Güte und wollten dieselbe Qualität hervorbringen. Sie hatten kein Interesse an offensichtlich bösen Bestrebungen. Hatten sie überhaupt jemals irgendjemanden sündigen sehen?

Die Ursünde war doch nicht, dass Adam und Eva der Güte Gottes eine lange Nase drehten. Adams und Evas Ursünde war ihr Wunsch, ein eigenes System von Richtig und Falsch zu erschaffen, damit sie sichergehen konnten, dass sie das Richtige taten und das Falsche bleiben ließen. Wir können heute demselben Angebot erliegen. Vielleicht ertappen wir uns dabei, wie wir nach der Erkenntnis des Guten streben, anstatt unserer ernst gemeinten Sehnsucht nach einer engen Beziehung zu Jesus Christus Gehör zu geben.

Es geht um Leben und Tod

In der ganzen Geschichte vom Paradies sehen wir, dass wir *echtes Leben* brauchen, nicht nur ein paar Anweisungen zum Leben. Doch nicht nur im 1. Buch Mose wird uns das mitgeteilt. Es ist erstaunlich, wie manche Wörter aus der Bibel plötzlich hervorstechen, wenn wir uns ihrer Bedeutung erst einmal bewusst geworden sind. *Leben* und *Tod* springen uns auf jeder Seite ins Auge, wenn wir zu sehen beginnen, dass das Ziel des Christentums nicht ist, das falsch verstandene Bedürfnis der Menschheit nach Religion zu stillen.

> Das Ziel des Christentums ist nicht, das falsch verstandene Bedürfnis der Menschheit nach Religion zu stillen.

Nur das Echte stillt unser tiefstes Bedürfnis, indem es uns authentisches geistliches Leben zurückbringt.

Während manche das Christentum als ein Programm zur Verhaltensverbesserung ansehen, zeigt die Geschichte vom Paradies, dass gerade der Wunsch nach Verhaltensverbesserung zur Ursache für geistlichen Tod wurde. Unser Problem ist doch nicht ein Mangel an moralischen Gesetzen. Die Weltreligionen und sogar viele nichtreligiöse Bewegungen sind voll von sozialen und moralischen Programmen zur Verhaltensverbesserung. Wir könnten uns von vielen sogar eine Scheibe abschneiden, wenn wir nur einen guten Verhaltenskodex bräuchten, der uns in unseren Entscheidungen leiten soll.

Die Bibel aber lehrt uns radikal, dass das Hauptproblem der Menschheit nicht in dem besteht, was wir *tun*, sondern, dass wir dabei *kein Leben haben*. Paulus beschreibt das so:

*Darum, gleichwie durch [einen] Menschen die Sünde in die Welt gekommen ist und **durch die Sünde der Tod**, und so **der Tod zu allen Menschen hingelangt ist**, weil sie alle gesündigt haben ... (Röm 5,12)*

... auch euch, die ihr tot wart durch Übertretungen und Sünden ... (Eph 2,1)

Ernährungsberatung für einen Toten?

Stell dir vor, du siehst im Vorbeifahren einen Menschen am Straßenrand liegen. Du hältst an, um nach ihm zu sehen. Sobald dein Auto zum Stehen gekommen ist, springst du heraus und läufst zu ihm hin. Du beugst dich über ihn, um seinen Puls zu fühlen, aber du merkst, dass er keinen mehr hat. Er ist bereits tot, vielleicht hatte er einen Herzinfarkt. Was kannst du tun? So wie er aussieht, könnte es sein, dass sein Herz aufgrund seiner lebenslang schlechten Essgewohnheiten versagt hat. Du springst sofort auf, eilst zum Auto, ziehst einen Ernährungsratgeber heraus und beginnst schon im Laufen, wichtige Informationen daraus vorzulesen: »Kapitel 1: Richtige Ernährung für Herz und Gesundheit!«

Absurd, nicht wahr? Man kann einem Toten so viel Information über gesunde Ernährung zur Verfügung stellen, wie man will, er wird nicht wieder zum Leben erwachen. Er ist bereits tot. Die einzig wahre Lösung wäre, ihn irgendwie ins Leben zurückzuholen. Genauso kann man durch Erziehung das Herz eines geistlich Toten nicht verändern. Die einzige Lösung für den Tod ist das Leben:

> Durch Erziehung kann man das Herz eines geistlich Toten nicht verändern.

*Er hat auch euch, die ihr tot wart in den Übertretungen und dem unbeschnittenen Zustand eures Fleisches, mit ihm **lebendig gemacht**, indem er euch alle Übertretungen vergab. (Kol 2,13)*

*Gott aber, der reich ist an Erbarmen, hat um seiner großen Liebe willen, mit der er uns geliebt hat, auch uns, die wir tot waren durch die Übertretungen, mit dem Christus **lebendig gemacht** – aus Gnade seid ihr errettet! (Eph 2,4-5)*

Gott wusste, was wir wirklich brauchten. Er kannte unser wahres Bedürfnis. Und durch Christus stillte er es, indem er uns Leben anbot.[3] Weder das Gesetz noch irgendein anderes moralisches System können uns jemals dieses Leben bieten. Auch wenn manche vielleicht denken, das Gesetz könne ihr Problem lösen, bringt es in Wirklichkeit nur ein noch stärkeres Bewusstsein des To-

---

3 siehe Streiflicht 2 auf S. 276.

des mit sich. Wie wir bereits gesehen haben, ist das Gesetz kein Mutmacher, sondern vielmehr ein harter Kritiker. Es macht uns bewusst, dass wir ein ernstes Problem haben. Selbst wenn wir mit geballter Kraft versuchen, unser Verhalten in den Griff zu bekommen, ist das Gesetz immer noch jederzeit zur Stelle, um uns zu verurteilen.

Selbst der Apostel Paulus gibt zu, dass er das Gesetz für das Höchste der geistlichen Gefühle gehalten hatte. Er war schmerzlich enttäuscht, dass er am Ende innerlich leer blieb: »... und eben dieses Gebot, das zum Leben gegeben war, erwies sich für mich als todbringend« (Röm 7,10).

Warum hat Jesus das getan?

Warum hat Jesus keine Mühe gescheut, die Pharisäer und andere religiöse Führer gegen sich aufzubringen? Warum verärgerte er sie immer wieder? Er heilte am Sabbat und deshalb hassten sie ihn. Im Tempel warf er die Tische der Geldwechsler um – und die Pharisäer verachteten ihn. Er nannte sie Schlangen, was seiner Beziehung zu ihnen bestimmt nicht zuträglich war. Jesus tat das, um den Unterschied zwischen einem echten Leben und den heuchlerischen Methoden selbstzentrierter Verhaltensänderung aufzuzeigen.

Was hatten mehrere Jahrhunderte eines Lebens unter dem Gesetz in der jüdischen Gesellschaft bewirkt, bis schließlich Jesus auf der Bildfläche erschien? Eine von den Pharisäern aufgestellte Ordnung, die Welten von dem Ziel Jesu entfernt war. Während die Pharisäer durch die Straßen der Stadt stolzierten und die Prostituierten und Trunkenbolde für ihr offenes sündiges Verhalten verurteilten, schloss Jesus mit genau diesen Menschen Freundschaft. Jesus war sanft, gütig und freundlich zu den Sündern, während die Pharisäer hart, richtend und unfreundlich zu ihnen waren.

Die Einzigen, über die Jesus zornig wurde, waren offensichtlich die religiösen Machthaber seiner Zeit. Warum? Weil die Gesetzeslehrer weder zu sich selbst noch zu anderen ehrlich waren.

> Das Gesetz bringt nur zweierlei hervor: Wenn du ehrlich bist, dein Scheitern, und wenn du es nicht bist, Heuchelei.

Erstens verwässerten sie das Gesetz, um es leichter verdaulich zu machen, und schufen so die Illusion, man könne unter dem Gesetz geistlichen Erfolg haben. Zweitens fügten sie ihre eigenen Regeln hinzu, klopften sich auf die Schulter und gaben sich als geistliche Elite aus. Jesus hasste Heuchelei, und das Gesetz bringt nur zweierlei hervor: Wenn du ehrlich bist, dein Scheitern, und wenn du es nicht bist, Heuchelei.

Durch seine Auferstehung bot Jesus auch seinen jüdischen Zeitgenossen echtes Leben an. Die religiösen Eiferer seiner Zeit arbeiteten gegen ihn, denn sie gaben vor, bereits Leben zu besitzen.

Aber der Urheber allen Lebens höchstpersönlich blickte hinter ihre Fassade.

Teil 3

....

Die Linie überschreiten

Das Kreuz ist in Zeit und Ewigkeit
das zentrale Ereignis und die Antwort
auf all ihre Probleme.
Oswald Chambers (1874–1917)

11

Was meinst du, wie würden deine Eltern reagieren, wenn du bei ihnen versuchen würdest, die Nummer des »verlorenen Sohns« durchzuziehen? Du erinnerst dich vielleicht, dass der verlorene Sohn vorzeitig um sein Erbe bat, damit er das Leben auf der Überholspur genießen konnte: »Papa, ich hab mich gefragt, ob du mir meinen Anteil am Testament schon vor deinem Tod ausbezahlen könntest?«

Da hätte er heute wohl kein Glück, oder? Das tut man einfach nicht. Du würdest vielleicht ein bisschen Bargeld auf die Hand bekommen, aber nicht aus dem Erbe. Die Anwälte würden das im Keim ersticken. Es ist nicht rechtens, sich ein Erbe auszahlen zu lassen, bevor der Erblasser tot ist. Interessant, dass der Hebräerbrief sich genau darauf beruft:

Denn wo ein Testament ist, da muss notwendig der Tod dessen eintreten, der das Testament gemacht hat; ***denn ein Testament tritt auf den Todesfall hin in Kraft,*** *da es keine Gültigkeit hat, solange derjenige lebt, der das Testament gemacht hat. (Hebr 9,16-17)*

Wozu dieses Gerede über Testamente, Recht und Gesetz und Erbschaften? Der Schreiber zieht hier einen Vergleich zwischen einem Testament, das in Kraft tritt, und einem Bund, der wirksam wird. Eigentlich sind die Begriffe *Testament*, *Bund* und *letzter Wille* verschiedene Übersetzungsmöglichkeiten für ein und dasselbe griechische Wort.

> **Der neue Bund begann nicht mit der Geburt Jesu, sondern mit seinem Tod.**

Der Vergleich und das Wortspiel des Schreibers sollen etwas Wichtiges klarstellen: Genauso wie ein Testament erst mit dem Tod in Kraft tritt, so wird auch ein Bund nicht ohne Tod wirksam. Das bedeutet, dass der neue Bund nicht mit der Geburt Jesu begann, sondern mit seinem Tod.

Wie man sich vorstellen kann, zieht das radikale Folgen nach sich. Zunächst beginnt das Neue Testament eigentlich nicht mit Matthäus 1. Es beginnt in Wirklichkeit auf gar keiner Seite in der Bibel. Es beginnt zu dem Zeitpunkt in der Geschichte, an dem Jesu Blut vergossen wurde.

Im ersten Kapitel von Matthäus wird kein Blut vergossen und in der Krippe wurde auch niemand geopfert. Es ist nicht die *Geburt* unseres Retters, die alles verändert, sondern sein *Tod* hat die Apostel dazu inspiriert, die Botschaft zu verkünden: »Weg mit dem Alten, her mit dem Neuen.«

Paulus sagte, Jesus wurde »geboren unter dem Gesetz, damit er die loskaufte, die unter dem Gesetz waren« (Gal 4,4-5). Jesus lebte also dreiunddreißig Jahre auf diesem Planeten und alle um ihn herum lebten immer noch unter dem Alten und nicht unter dem Neuen.[4]

---

4 siehe Streiflicht 3 auf S. 277.

Wo finden wir denn dann das Neue? Seine ersten Auswirkungen werden in der Apostelgeschichte an Pfingsten beschrieben.[5] Die Briefe der Apostel an die Gemeinde lehren uns, wie man unter dem Neuen lebt.

Der wahre Beginn

Wenn wir versuchen, das Alte mit dem Neuen zu vermischen, erhalten wir einen widersprüchlichen Bund, der einzig und allein unserer eigenen Erfindung zuzuschreiben ist. Damit lebte ich viele Jahre lang. Da in meinem eigenen, selbst erdachten Bund einige Elemente des Neuen vorkamen, brachte er mich auch nicht sofort um. Stattdessen ermöglichte er mir ein langsames Sterben.

> Es war meine eigene, moderne Form des Gesetzes, die ich versuchte auszuleben.

Ich hatte ein Glaubenssystem übernommen, in dem das Alte und das Neue sich im Wesentlichen die Waage hielten. Ich litt weder unter der Strenge des gesamten Gesetzes, noch genoss ich das Glück bedingungsloser Gunst. Aus diesem Grund dauerte es Jahre, bis meine Gottesbeziehung schließlich gar nicht mehr funktionierte.

Wenn du das liest, denkst du vielleicht: »Dieses Problem habe ich nicht. Ob ich unter dem Gesetz bin oder nicht, war mir nie die Frage. Das habe ich schon immer besser gewusst.« Vielleicht hast du ja recht, aber genauso dachte ich auch! Ich hätte nie behauptet, ich müsste das jüdische Gesetz befolgen. Ganz und gar nicht!

---

5 siehe Streiflicht 4 auf S. 277.

Nicht das Gesetz Moses hielt mich gefangen, sondern meine eigene, moderne Form des Gesetzes, die ich versuchte auszuleben.

Ich hatte meine Antenne in Richtung der christlichen Welt um mich herum ausgefahren und die unterschwellige Nachricht empfangen, dass es Bedingungen gibt, um in Gottes Gunst zu bleiben. Diese Sammlung von »du sollst« – deine Bibel lesen, anderen vom Glauben erzählen, dich in der Gemeinde engagieren – war ein Maßstab, an dem ich meinen Wert und meine Stellung ablesen konnte. Diese Kriterien dienten als konkrete Möglichkeit, um festzustellen, ob meine Beziehung zu Gott in Ordnung war oder nicht.

Ich hatte das Erlösungswerk Christi bereits angenommen, um in den Himmel zu kommen. Aber es war die Umsetzung im Alltag, die mich aufrieb. Das Gesetz tat seine Arbeit als ein tägliches Betriebssystem.

Aufgehoben

Wenn wir unter einem neuen Bund sind, was ist dann mit dem alten? Gibt es für ihn immer noch einen Platz in unserem Leben? Was sagt die Bibel? Der Hebräerbrief verwirft den Gedanken, die beiden miteinander zu vermischen:

> *Er **hebt den ersten Bund auf, um den zweiten einzusetzen**. Und **Gott will**, dass wir durch das Opfer des Leibes von Jesus Christus ein für alle Mal geheiligt werden. (Hebr 10,9-10 NLB)*

Durch den neuen Bund finden wir unsere Stellung als heilige Kinder Gottes. Der erste (alte) Bund wurde aufgehoben, weil er niemanden vollkommen machte. Schließlich war er ein System, das auf Leistung beruhte, und niemand konnte sich so verhalten, dass er seinen Maßstäben genügte! Stell dir vor, du balancierst dein ganzes Leben lang wie auf rohen Eiern, weil du versuchst, alles zu tun, was das Gesetz von dir fordert. Wie erdrückend! Deshalb ist der alte Bund jetzt veraltet. Er wurde aufgehoben, weil wir nicht fähig waren, damit umzugehen:

Indem er sagt: »Einen neuen«, hat er den ersten [Bund] für veraltet erklärt; was aber veraltet ist und sich überlebt hat, das wird bald verschwinden. (Hebr 8,13)

Damit erfolgt nämlich eine Aufhebung des vorher gültigen Gebotes wegen seiner Kraftlosigkeit und Nutzlosigkeit – denn das Gesetz hat nichts zur Vollkommenheit gebracht –, zugleich aber die Einführung einer besseren Hoffnung, durch die wir Gott nahen können. (Hebr 7,18-19)

Was sagt der Schreiber des Hebräerbriefes? »Kraftlos und nutzlos« ist das Alte in seinen Versuchen, uns vollkommen zu machen. Heute haben wir eine bessere Option – das Neue. Dieses neue System, das durch den Tod Jesu Christi eingeführt wurde, funktioniert tatsächlich. Es versetzt uns in eine perfekte Stellung, auch wenn wir uns nicht perfekt verhalten. Nur durch das Neue können wir uns Gott wirklich nähern.

Wenn ich das Gefühl habe, ich sei weit weg von Gott, dann nur aus einem Grund: Ich habe mich an mir selbst gemessen und gemerkt, dass es mir nicht reicht. Dann meine ich nämlich, Gott würde mich mit demselben Maßstab messen, und komme am Ende zu dem falschen Schluss, er sei wirklich weit weg. Wie kann ich mich ihm mit dieser Logik wieder nähern? Nun, die einzige

Möglichkeit ist wohl die, es einmal auf eine andere Art zu probieren als vorher.

Die Bibel sagt ganz klar: Es gibt nur einen Weg, um Gott nahe zu kommen – durch den neuen Bund. Alles andere ist Heuchelei und basiert ausnahmslos auf falsch verstandenen Parallelen zu menschlichen Beziehungen und ist motiviert von ständig wechselnden Empfindungen.

12

In allen vier Evangelien spricht Jesus über das Gesetz. Aber was genau sagt er darüber? Und welche Auswirkungen sollten seine Worte darauf haben, wie wir das Gesetz heute anwenden?

Vergrößerungsspiegel

Ich erinnere mich noch, wie ich als Kind von einem Spiegel fasziniert war, der neben dem Waschbecken meiner Mutter stand, einem runden, doppelseitigen Aufstellspiegel. Wenn ich ihn umdrehte, konnte ich mich selbst in dreifacher Vergrößerung sehen. Wenn ich mein Gesicht gewaschen hatte, schaute ich in den normalen Spiegel und konnte feststellen, dass mein Gesicht jetzt wieder sauber war. Aber wenn ich den Spiegel umdrehte, enthüllte die vergrößernde Seite alles Mögliche, das ich vorher nicht sehen konnte. Mängel, die zuvor verborgen blieben, wurden im vergrößerten Spiegelbild deutlich sichtbar.

Hier sind zwei Beispiele, wie Jesus über das Gesetz gesprochen hat. Achte beim Lesen einmal darauf, ob du erkennst, wie er den Schmutz auf dem Gesicht der Menschheit vergrößert. Sogar die obersten Gesetzeshüter jener Tage erscheinen im Licht dessen, was das Gesetz *wirklich* verlangt, schmutzig:

Ihr habt gehört, dass zu den Alten gesagt ist: »Du sollst nicht töten!«, wer aber tötet, der wird dem Gericht verfallen sein. **Ich aber sage euch**: *Jeder, der seinem Bruder ohne Ursache zürnt, wird dem Gericht verfallen sein. (Mt 5,21-22)*

Ihr habt gehört, dass zu den Alten gesagt ist: »Du sollst nicht ehebrechen!« **Ich aber sage euch**: *Wer eine Frau ansieht, um sie zu begehren, der hat in seinem Herzen schon Ehebruch mit ihr begangen. (Mt 5,27-28)*

Was tat Jesus, als er vom Gesetz sprach? Er verschärfte es, so wie der doppelseitige Spiegel die Unreinheiten in meinem Gesicht vergrößerte. Jesus gebrauchte das Gesetz, um den religiösen Leitern genau zu zeigen, wo sie standen.

Wir versuchen oftmals, jedes Wort, das Jesus gesagt hat, direkt auf unser Leben anzuwenden, ohne zu berücksichtigen, zu wem er mit welchem Ziel sprach. Aber die harten Lehren Jesu müssen im Licht der Trennlinie zwischen dem Alten und dem Neuen gesehen werden. Vergiss nicht, dass Christus zur Zeit des alten Bundes (Gesetzes) geboren wurde und lebte.

Als aber die Zeit erfüllt war, sandte Gott seinen Sohn, **geboren von einer Frau und unter das Gesetz getan, damit er die, welche unter dem Gesetz waren, loskaufte,** *damit wir die Sohnschaft empfingen. (Gal 4,4-5)*

Jesus wurde unter das Gesetz geboren. Seine Zuhörer waren unter dem Gesetz. Und sie mussten davon befreit werden. Was also sollte Jesus über das aktuelle religiöse System lehren? Sollte er seine Zuhörer für ihre Leistung loben? Sollte er ihnen sagen, sie könnten mit dem Status quo zufrieden sein? Oder sollte er auf ihre schwachen Versuche, das Gesetz zu halten, eingehen und ihre Dürftigkeit aufdecken? Natürlich Letzteres. Was hätte ihnen sein Tod am Kreuz sonst genützt?

Jesus entlarvte die Sinnlosigkeit des Lebens unter dem Gesetz. Er rief: »Reiß dein Auge aus« und »hau deine Hand ab«, wenn du wirklich das Gesetz halten willst (Mt 5,29-30). Damit stellte er seine jüdischen Zuhörer vor die Entscheidung, sich entweder noch mehr anzustrengen oder aber aufzugeben.

> Die Zuhörer Jesu waren unter dem Gesetz.

Welche Reaktion erhoffte er sich wohl, als er den Spiegel umdrehte, damit sie ihre schmutzigen Gesichter in der Vergrößerung sehen konnten?

Erst wenn sie aufgaben, konnten sie einen radikal neuen Weg in Betracht ziehen.

Jesu wahre Absicht wird vielleicht am deutlichsten in der Geschichte vom reichen Jüngling. Dieser Mann hatte sein Bestes gegeben, um das Gesetz zu halten. Jesus blickte ihn an und gewann ihn lieb. Warum also legt Jesus seinen Finger auf genau die eine Sache, die der junge Mann *nicht* tun konnte? Warum schickte er ihn betrübt fort?

Er aber antwortete und sprach zu ihm: Meister, das alles habe ich gehalten von meiner Jugend an.
Da blickte ihn Jesus an und gewann ihn lieb und sprach zu ihm: Eines fehlt dir! Geh hin, verkaufe alles, was du hast, und gib es den Armen, so wirst du einen Schatz im Himmel haben;

und komm, nimm das Kreuz auf dich und folge mir nach!
Er aber wurde traurig über dieses Wort und ging betrübt da-
von; denn er hatte viele Güter. (Mk 10,20-22)

Müssen wir jetzt unser komplettes Hab und Gut bei eBay einstellen, um in Gottes Reich zu kommen? Das hat Jesus doch gemeint, oder nicht? Aber das deckt sich einfach nicht mit den neutestamentlichen Lehren über die Errettung allein aus Glauben. Die unmöglichen Lehren Jesu, dass wir alles verkaufen sollten, wenn notwendig Körperteile abhauen, vollkommen wie Gott sein und die Pharisäer mit unserer Gerechtigkeit sogar noch übertreffen sollten, sind nicht *ernsthaft* damit zu vereinbaren, dass die Errettung ein Geschenk Gottes ist.

> Unter dem alten
> Bund lehrte Jesus
> Hoffnungslosigkeit.

Könnten wir diese ganzen Widersprüche nicht ganz leicht auflösen, wenn wir uns der großen Trennlinie in der Menschheitsgeschichte bewusst würden? Petrus, Jakobus, Johannes und Paulus schrieben Briefe über das Leben unter dem neuen Bund. Einige Jahre vorher hatte Jesus unter dem alten Bund Hoffnungslosigkeit gelehrt. Aber es war ein anderes Publikum. Es war ein anderer Bund. Und es war eine andere Lehre.

Killerpredigt

Barbara kämpfte schon über zehn Jahre mit Depressionen. Schmerzhafte Umstände hatten ihr so zugesetzt, dass sie kaum noch Hoffnung hatte. Im Fernsehen stieß sie eines Tages auf die halbstündige Sendung unserer Gemeinde. Barbara hörte, wie ich von meinen Schuldgefühlen und Ängsten erzählte, die ich gehabt hatte, weil ich es Gott recht machen wollte.

Barbara hatte Ähnliches erlebt. Deshalb beschloss sie, mich anzurufen. Nachdem wir ein paar Mal miteinander gesprochen hatten, begann sie eine Veränderung festzustellen. Etwas war anders an der Art, wie sie sich selbst sah, wie sie Gott wahrnahm und wie sie den Tag bewältigte.

Sie erzählte, dass das Bibellesen für sie immer entmutigend gewesen sei. Sie tat einfach *nie genug*. »Jedes Mal, wenn ich die Bibel aufschlug, fühlte ich mich wie ein Versager«, sagte sie.

In letzter Zeit hatte sich jedoch das alles verändert. Wir hatten mehrere Dutzend Bibelstellen über ihre Identität in Christus angesehen, über ihre Freiheit von den Forderungen des Gesetzes und über die grenzenlose Vergebung, die sie in Christus hat. Sie sagte, seit sie sich mit diesen Wahrheiten beschäftigte, spüre sie Erleichterung von ihrer Depression.

> Die harten Lehren Jesu, die an die Religiösen gerichtet waren, hauen uns jedes Mal um.

Aber eines Abends kam Barbara wieder niedergeschlagen in mein Büro. »Was ist passiert?«, fragte ich. »Diese Woche war eigentlich alles soweit okay. Ich habe die Bibelstellen gelesen, die du mir gegeben hast«, sagte sie. »Aber dann habe ich angefangen, die Bergpredigt zu lesen. Ich weiß nicht genau, was dann passiert ist.«

»Alles klar«, antwortete ich. »Ich versichere dir, dass diese Erfahrung ganz normal ist, wenn man als ehrliches und eifriges Kind Gottes diese Kapitel liest.«

Ich erklärte ihr die Trennlinie zwischen Altem und Neuem. Ich erzählte ihr, wie die harten Lehren Jesu, die an die Religiösen gerichtet waren, uns jedes Mal umhauen. Barbara begann zu sehen, dass es einen Unterschied gibt zwischen dem, was Jesus die Juden lehrte und was Gott für sie unter dem neuen Bund geplant hatte. Ihre Miene erhellte sich. Wieder einmal hatte die Wahrheit ihre Aufgabe erfüllt.

Was das Neue vom Alten unterscheidet? Es macht immer frei.

13

Manche behaupten, wir seien verpflichtet, das Gesetz oder zumindest Teile davon zu halten. Angesichts solcher Aussagen nimmt Paulus kein Blatt vor dem Mund: »Denn *Christus ist das Ende des Gesetzes zur Gerechtigkeit für jeden, der glaubt*« (Röm 10,4). Doch das Werk des Geistes durch Regeln ersetzen zu wollen, das ist kein neues Phänomen. Schon vor fast zweitausend Jahren war Paulus zornig auf Gläubige, die er persönlich unterwiesen hatte. Sie hatten sich von der einfachen Botschaft »Jesus und sonst nichts« abgewandt. Sehr emotional flehte er sie an, ihre Situation zu überdenken:

> *O ihr unverständigen Galater, wer hat euch verzaubert,*
> *dass ihr der Wahrheit nicht gehorcht, euch, denen Jesus*
> *Christus als unter euch gekreuzigt vor die Augen gemalt*
> *worden ist? Das allein will ich von euch erfahren: Habt ihr*
> *den Geist durch Werke des Gesetzes empfangen oder durch*
> *die Verkündigung vom Glauben? Seid ihr so unverständig?*
> *Im Geist habt ihr angefangen und wollt es nun im Fleisch*
> *vollenden? (Gal 3,1-3)*

Im selben Kapitel erklärt er etwas später die Beziehung des Gläubigen zum Gesetz: »So führte das Gesetz uns wie ein streng ermahnender Erzieher zu Christus, damit wir durch den Glauben von Gott als gerecht anerkannt würden« (Gal 3,25 NEÜ).

Das Gesetz führte uns zu Christus. Wie? Indem es als Zollstock diente, an dem wir unser moralisches Verhalten messen konnten. Wir kamen schlecht weg. Gottes Lösung dafür war, uns zu rechtfertigen, das heißt, uns durch das Erlösungswerk Christi für gerecht zu erklären. Paulus bittet uns also, zu überlegen: Erstens, wie haben wir den Heiligen Geist empfangen – durch Glauben oder durch das Gesetz? Zweitens, wer oder was sollte unser Handeln jetzt überwachen?

> Das Gesetz führte uns zu Christus.

Multiple Choice

Auf der Uni war ich immer erleichtert, wenn die Professoren in Klausuren das Multiple-Choice-Verfahren nutzten. So hatte ich auch ohne zu lernen eine reelle Chance, die richtige Antwort zu treffen. Im Galaterbrief fragt der Apostel seine Leser ab, was sie in all den Jahren von ihm gelernt hatten. Er macht es ihnen leicht, indem er sie aus mehreren Antworten auswählen lässt.

Wenn Paulus diesen Teil seines Briefes als Test verfasst hätte, würde der vielleicht so aussehen:

Frage 1: Wie wurdest du errettet?
  ☐ Durch das Befolgen des Gesetzes.
  ☐ Durch den Glauben an das Gehörte.

Frage 2: Was meinst du, wie kannst du wachsen?
☐ Durch meine menschliche Anstrengung.
☐ Durch den Geist.

Anhand dieser Fragen drängt Paulus die Christen, *genau so wei-terzumachen, wie sie begonnen hatten.* Sie begannen im Glauben und indem sie sich für das Werk des Heiligen Geistes öffneten. Ihre Errettung hatte nichts mit dem Gesetz zu tun. Genauso wird auch die Reife in Christus nicht durch menschliche Anstrengung erreicht.

Paulus betont, das Gesetz solle nicht als unser Erzieher auftreten. Spricht Paulus hier von der Errettung oder von unserem täglichen Leben? Von beidem. Zunächst werden wir errettet, indem wir glaubend hören. Wenn wir dann gerettet sind, leben wir täglich im Glauben an den in uns lebenden Christus, nicht durch das Gesetz. Der Heilige Geist in uns ist mehr als genug, um uns ein Leben zu verschaffen, das das Gesetz uns nie geben könnte: »Wenn ihr aber vom Geist geleitet werdet, so seid ihr nicht unter dem Gesetz« (Gal 5,18).

> Wir leben täglich im Glauben an den in uns lebenden Christus, nicht durch das Gesetz.

Die Geheimformel

Wenn die Schrift also sagt, das Gesetz habe im Leben eines Chris-ten nichts zu suchen, dann lautet die logischste aller Fragen: Was ist denn dann unser moralischer Leitfaden? Als Christen haben wir ein angeborenes Verlangen, uns richtig zu verhalten. Und im Prinzip ist es genau dieses Verlangen, Gott zu gefallen, das manche zu dem Irrtum treibt, sie könnten ihr Leben auf das Gesetz gründen!

Zum Glück hat Gott uns nicht aus dem Gesetz herausgeholt und dann mit leeren Händen stehen lassen. Wenn wir glauben, dann lebt der Heilige Geist in uns. Der Geist bringt durch uns Frucht hervor, wenn wir uns von ihm abhängig machen. Aber es ist wichtig, das »System« zu erkennen, das der Heilige Geist anstelle des Gesetzes benutzt. Denn er wirkt durch ein völlig anderes System, nämlich durch *Gnade*. Wenn wir also das Wirken des Heiligen Geistes in unserem Leben erkennen wollen, brauchen wir ein tief greifendes Verständnis von Gnade.

Doch unsere Vorstellung von Gnade reduziert sich oftmals nur auf Güte und Barmherzigkeit. Dann lautet die typische Definition etwa so: »Gnade ist, wenn jemand etwas falsch gemacht hat und ihm die Strafe gemildert oder erlassen wird.« Gnade wird oft als mögliche Reaktion auf Sünde angesehen, so wie man jemanden begnadigt, der ein Kapitalverbrechen begangen hat. Aber das Neue Testament beschreibt Gnade als etwas viel Gewaltigeres. Achte einmal darauf, was die Gnade im Leben eines Christen bewirkt:

*Denn ›in Christus‹ ist **Gottes Gnade** sichtbar geworden – die Gnade, die allen Menschen Rettung bringt. **Sie erzieht uns dazu, uns von aller Gottlosigkeit und von den Begierden dieser Welt abzuwenden** und, solange wir noch hier auf der Erde sind, verantwortungsbewusst zu handeln, uns nach Gottes Willen zu richten und so zu leben, dass Gott geehrt wird. (Tit 2,11-12 NGÜ)*

Gnade ist das System, das der Heilige Geist gebraucht, um uns tagtäglich zu leiten und zu lehren. Die Gnade ist da, ob wir nun gerade gesündigt haben oder nicht. Wir fürchten, das Fehlen des Gesetzes könnte zu einem Lebensstil führen, der außer Kontrolle gerät. Diese Sorge ist verständlich. Aber sie widerspricht dem, was die Bibel über die Wirkung der Gnade sagt. Gnade ist nicht nur einfach eine Behandlung der Sünde, sondern das Heilmittel!

Wenn wir die Funktion von Gnade in unserem Leben infrage stellen, beleidigen wir damit Gottes Intelligenz. Hätte er denn einen neuen Bund eingeführt, der die Sünde nicht nur erlaubt, sondern sogar fördert? Ist Gott so dumm zu glauben, dass Gnade uns wirklich motiviert, gottesfürchtig zu leben?

> ## Das Gesetz regt zu eigener Anstrengung an.

Das ganze Geheimnis ist, dass Gnade unseren Stolz außer Kraft setzt. Wenn wir das Gesetz aus unserem Leben entfernen, bedeutet das, dass wir nicht mehr aus eigenem Bemühen versuchen müssen, unser Verhalten zu kontrollieren. Das Gesetz regt zu eigener Anstrengung an. Es ermutigt uns dazu, unsere Zuflucht außerhalb von Christus zu suchen. Bedingungslose Annahme hingegen setzt die eigenen Anstrengungen außer Kraft und lässt den Heiligen Geist all das sein, was er durch uns sein will.

Unsere größte Angst ist doch, die Kontrolle zu verlieren. Aber wir wurden gar nicht dazu geschaffen, die Kontrolle zu haben. Selbstkontrolle, Selbstbeherrschung war schon immer eine natürliche Eigenschaft des *Heiligen Geistes*. Der Grund, warum er in uns lebt, ist der, die Selbstkontrolle hervorzubringen, von der wir fürchten, wir könnten sie unter der Gnade verlieren.

Paulus ermutigt uns, der Gnade unter dem neuen Bund zu vertrauen, und zitiert dazu Jesus selbst:

Und er hat zu mir gesagt: Lass dir an meiner Gnade genü-
gen, denn meine Kraft wird in der Schwachheit vollkom-
men! Darum will ich mich am liebsten vielmehr meiner
Schwachheiten rühmen, damit die Kraft des Christus bei
mir wohne. (2Kor 12,9)

Jesus hatte anscheinend keine Angst davor, was ein Zuviel an
Gnade im Leben von Paulus anrichten könnte. Gnade ist nicht
einfach nur eine Reaktion auf Sünde. Gnade ist das Herz des
Neuen. Sie ermöglicht es Jesus, durch uns all das hervorzubrin-
gen, was gerade benötigt wird. Nachdem Paulus diese Aussage
Gottes über seine Gnade gehört hat, beschließt er, dass nun ein
Größerer als er selbst in seinem Leben wirksam werden soll: Jesus
soll das hervorbringen, was er selbst nicht schafft.

Dasselbe gilt für uns heute.

Ausbruch aus dem Gefängnis

Menschen, die lange im Gefängnis waren, haben nach der Entlassung oft Probleme. Sie haben sich an die Einschränkungen im
Gefängnis gewöhnt. Auf gewisse Weise verschafften ihnen die
Mauern und Schranken ein Gefühl der Sicherheit. Ihnen wurde
gesagt, wann sie duschen, essen, an die frische Luft gehen, arbeiten, Sport treiben und schlafen sollten. Unter dem wachsamen
Auge des Gesetzes war jeder Bereich ihres Lebens festgelegt.

Nach der Entlassung werden manche unsicher. Plötzlich müssen sie alleine entscheiden, wohin sie gehen, wann sie etwas tun
und was sie mit dem Rest ihres Lebens anfangen sollen.

Ähnlich kann auch uns die Freiheit vom Gesetz unsicher machen.[6] Wenn Begrenzungen wegfallen, müssen wir selbst überlegen, was uns nützt und was nicht.

Aber das ist christliche Reife: Da wir in Christus sind und Christus in uns, brauchen wir unsere Schritte nicht mehr durch Regeln von außen lenken zu lassen. Stattdessen sind wir angehalten, die religiöse Knechtschaft hinter uns zu lassen und zu einer wunderbaren Freiheit aufzubrechen – und nie wieder zurückzuschauen:

»Für die Freiheit hat Christus uns frei gemacht«
(Gal 5,1 ELB)

Für die Freiheit hat Christus uns frei gemacht. Steht nun fest und lasst euch nicht wieder durch ein Joch der Sklaverei belasten! (Gal 5,1 ELB)

---

6 siehe Streiflicht 5 auf S 279.

Matroschka-Puppen

Wir sollten nicht denken,
wir seien weit weg, wenn Gott uns doch
mit sich eins gemacht hat.
Hudson Taylor (1832–1905)

14

Wie viele Sünden muss man getan haben, um ein Sünder zu sein?

Das ist eine der Fragen, die ich bei unserem Seminar über *Das nackte Evangelium* stelle. Und normalerweise antwortet die Mehrheit der Zuhörerschaft: »*Eine* Sünde reicht, um ein Sünder zu werden.« Nun ja. In Wirklichkeit braucht es noch nicht einmal eine einzige.

Wir sind als Sünder *geboren*.

Ich weiß, was du jetzt denkst: Das war eine Fangfrage! Vielleicht hast du recht. Aber die gängige Antwort auf diese Frage macht deutlich, was der durchschnittliche Mensch über die Natur des Menschen denkt. Wenn wir glauben, dass nur eine einzige Sünde nötig ist, um zum Sünder zu werden, dann gehen wir von Folgendem aus:

- Wir *tun* um zu *sein*.
- Wir vermuten, dass das *Tun* dem *Sein* vorausgeht.
- Folglich *werden* Menschen zu Sündern oder *werden* zu Heiligen, indem sie tun, was Sünder bzw. Heilige tun.

Aber ist das biblisch? Ich glaube nicht. Im Endeffekt hält es den Ungläubigen davon ab, seine angeborene gefallene Natur zu verstehen. Es hält auch den Gläubigen davon ab, seine neue Natur durch die *Wieder*geburt zu verstehen. Aber nur wenn wir begreifen, dass wir aufgrund unserer Abstammung, also von Geburt an Sünder sind, können wir auch verstehen, dass wir nur durch Abstammung, durch Geburt – unsere neue Geburt – zu Heiligen werden.

Als Heilige geboren

Christen lassen sich leicht davon überzeugen, dass die Welt voller Sünder ist. Nachdem wir nun biblisch aufgeklärt wurden, stimmen wir auch damit überein, dass wir in einem sündigen Zustand geboren wurden. Wir räumen auch bereitwillig ein, dass die Welt gefallen ist, vielleicht weil der geistliche Tod ein schlechter Zustand ist. Aber wenn es darum geht zu glauben, dass wir durch die *Wieder*geburt zu 100 Prozent gerecht sind, bringen wir das kaum über die Lippen. Mit anderen Worten: Wir glauben zwar, dass der Satz »die Geburt bestimmt die Identität« zwar auf die Welt zutrifft, aber nicht auf uns selbst.

Im katholischen Denken sind Heilige Menschen, die für das Evangelium gelitten haben. Sie haben Wunder vollbracht und angeblich eine höhere moralische Ebene erreicht als Otto Normalverbraucher. Im protestantischen Denken wird das Wort *Heiliger* nur selten für einzelne Christen gebraucht. Begriffe wie *Gläubige*, *Christen* oder *Errettete* sind uns angenehmer. Wir würden uns sogar als *Sünder* bezeichnen, auch wenn wir dann noch schnell hinzufügen, dass wir *begnadigt* oder *aus Gnade errettet* sind.

Sich oder andere Christen als *Heiligen* (was bedeutet, dass jemand ausgesondert ist für Gott) zu bezeichnen, fällt vielen schwer. Ähnlich gilt es manchmal als Inbegriff der Überheblichkeit, sich als *Gerechten* zu bezeichnen. Aber genau so nennt Gott die, die in Christus sind. Wie kann er nur diese Worte wählen, wo er doch unsere Defizite und Fehler genauestens kennt? Um diese Frage zu beantworten, müssen wir uns einmal genauer ansehen, was es bedeutet, dass die Geburt unsere Identität bestimmt. Und ich vermute, ganz nebenbei werden wir einige erstaunliche Dinge dazu entdecken, wer wir sind.

> Die Geburt bestimmt die Identität.

Rectors und Farleys

Als ich noch klein war, lebten wir auf einem Pferdehof im Norden Virginias. Wir hatten nur einen Nachbarn in unserer Nähe, das waren die Rectors. Sie hatten vier Jungs und ich war gern mit ihnen zusammen. Wir ritten auf den Pferden, gingen angeln und rasten mit unseren Quads über die Felder.

Zwei der Rector-Jungs waren älter als ich und ich bewunderte sie sehr. Sie waren cool und ich folgte ihnen wie ein Schatten, egal wohin sie gingen. Ich kleidete mich wie die Rectors, frisierte mich wie sie, redete wie sie und benahm mich sogar so wie sie. Fast jeden Tag ging ich zu ihnen hinüber, aß mit ihnen zu Mittag, spielte mit ihrem Hund Skipper und kickte auf ihrem Hof. Ich *fühlte* mich schon ganz wie ein Rector.

Doch wenn sie eine Familienfeier hatten, kam ich wieder auf den Boden der Tatsachen. Denn *ich* war nicht eingeladen! Ich konnte aussehen wie ein Rector, reden wie ein Rector und mich benehmen wie ein Rector. Aber ich *war* kein *geborener* Rector. Auf meiner Geburtsurkunde wird immer *Farley* stehen. Selbst wenn ich es irgendwie einrichten könnte, dass sie mich als Rector adoptierten, würde ich nicht wirklich zum Geschlecht der Rectors gehören. Warum? Weil die Geburt unsere Identität bestimmt.

Sicher weißt du schon, worauf ich hinaus will. Richtig, ich spreche über unsere geistliche Identität. Wenn wir auf diesem Planeten aufkreuzen, steht auf unserer Geburtsurkunde *Familie Adam*. Nicht zu verwechseln mit *The Addams Family* aus dem Fernsehen. *Familie Adam* bedeutet, dass wir in Adam geboren wurden, und aufgrund dieser natürlichen Geburt, weil wir von Adam abstammen, sind wir von Geburt an und von Natur aus geistlich tot.

Adams und Evas Fall fand statt, *bevor* sie Kain, Abel, Seth und andere Kinder zur Welt brachten. So wie Kain Papas Nase hatte und Abel Mamas Augen, so erbten die Kinder auch *geistliche* Gene. Die langfristige Folge war ein Menschengeschlecht, das von Geburt an geistlich tot war, und zwar vom allerersten Nachkommen an.

Ganz gleich, was wir tun, wir können uns nicht geistlich zum Leben erwecken, genauso wenig wie ich mich selbst zu einem Rector machen konnte. Wir können unser Verhalten ändern, aber keine wie auch immer gestaltete eigene Anstrengung wird uns je aus der geistlichen Familie Adams herauslösen und uns in die von Christus hineinversetzen können.

Image ist alles

Adam selbst war nach Gottes Bild geschaffen worden. Aber aus der Schöpfungsgeschichte erfahren wir, dass seine Kinder nach seinem eigenen Bild geboren wurden:

*An dem Tag, als Gott den Menschen schuf, machte er ihn Gott ähnlich; als Mann und Frau schuf er sie; und er segnete sie und gab ihnen den Namen »Mensch«, an dem Tag, als er sie schuf. Und Adam war 130 Jahre alt, als er einen Sohn zeugte, **ihm selbst gleich, nach seinem Bild,** und er nannte ihn Seth. (1Mo 5,1-3)*

Der Unterschied scheint klar. Adam wurde als Ebenbild Gottes erschaffen, doch Adams Sohn war ihm selbst gleich. Und dann wiederholt der Schreiber: *nach seinem Bild.* Was sagt die Bibel also über uns? Sind wir nach dem Bild Gottes erschaffen? Sicher, bei unserer Errettung werden wir in Christus Jesus neu gemacht und in sein Bild verwandelt (Kol 3,10). Aber ursprünglich stammen wir von Adam ab, dem ersten Menschen.

> Sind wir in das Bild Gottes *geboren?*

Bei der Geburt tragen wir *Adams* Bild.

Weiter oben habe ich gefragt, wie viele Sünden man begehen muss, um ein Sünder zu werden. Die Antwort lautet: *Keine einzige,* denn wir werden schon als Sünder geboren. Doch in gewissem Sinne brauchte es trotzdem eine Sünde, damit wir zu Sündern wurden. Allerdings haben nicht wir selbst diese Sünde begangen. Römer 5 macht deutlich, dass die Sünde *eines* Menschen die folgenden Auswirkungen hatte:

- Die Sünde kam in die Welt (Vers 12).
- Die Vielen sind gestorben (Vers 15).
- Die Verurteilung kam für alle Menschen (Vers 18).
- Die Vielen wurden zu Sündern gemacht (Vers 19).

Adams geistlicher Tod hatte zur Folge, dass alle seine Nachkommen geistlich tot geboren wurden. Adams Sünde brachte uns allen die Verurteilung. Und Adams Sünde verschaffte jedem von uns den Titel *Sünder.* Unser geistlicher Zustand geht zurück auf *unsere Abstammung von Adam,* nicht auf das, was wir als Einzelne tun.

> **Gottes Plan war eigentlich ein Austausch unserer Natur.**

So wie ich die Rectors nachgeahmt habe, könnte ich den Rest meines Lebens versuchen, Jesus Christus nachzuahmen. Doch selbst das strengste Nachahmen christusähnlichen Verhaltens würde mich nicht in seine geistliche Blutslinie hineinversetzen. Das, was ich bin, bin ich durch meine Abstammung, meine Geburt, und nicht durch mein Verhalten.

Die Erkenntnis, dass es nur um unsere Geburt geht und überhaupt nicht um unser Verhalten, ist sehr aufschlussreich. Der oftmals falsch verwendete und sogar missbrauchte Begriff *wiedergeboren* erhält damit eine völlig neue Bedeutung. Dieses Wort ist schon so abgedroschen, dass viele seine wahre Bedeutung aus dem Blick verloren haben; doch im Licht unserer geistlichen Abstammung bei der Geburt können wir verstehen, warum Jesus dieses Wort verwendet hat.

Jesus erklärte Nikodemus, dass jeder Mensch eine zweite Geburt nötig hat. Er drängte den jüdischen Führer nicht dazu, sich jetzt noch mehr anzustrengen oder seinen Lebensstil aufzupolieren. Stattdessen ging er den Kern der Sache an, nämlich seine Abstammung, die Geburt. Während manche das Christsein als ein Verhaltensverbesserungsprogramm in religiösem Gewand ansehen, machte Jesus klar: Gottes Plan ist eigentlich, unsere Natur auszutauschen.

Der Urteilsspruch lautet »in«

Da unser Problem von unserer Abstammung herrührt, hat auch die Lösung mit der Abstammung zu tun. Wenn wir bei unserer Geburt in Adam sind, müssen wir, um echte Veränderung zu erleben, in jemand anderem sein: »Denn gleichwie *in Adam* alle sterben, so werden auch *in Christus* alle lebendig gemacht werden« (1Kor 15,22).

Jeder ist geistlich *in* jemandem. Wenn ein Mensch Christ wird, übernimmt er nicht einfach nur irgendwelche Lehrmeinungen. Und ihm wird auch nicht einfach nur Einlass in den Himmel gewährt. An genau dem Tag, an dem jemand sein Vertrauen auf das vollbrachte Erlösungswerk Christi setzt, wird er einer Operation unterzogen. Er mag sie nicht verstehen und auch nicht fühlen. Aber auch wenn sie geistlicher Natur ist, ist sie nicht weniger real als ein medizinischer Eingriff.

Bei der Errettung werden wir aus der Lebenslinie Adams herausgerissen und in die Lebenslinie von Christus hineinversetzt.

> Eine neue, lebendige DNA wird in unseren Geist eingepflanzt.

Unsere geistlich tote DNA wird übernatürlich entfernt und eine neue, lebendige DNA in unseren Geist eingepflanzt. Wir werden Teil einer neuen Familie.

Wir sind nicht mehr länger *im* Fleisch.

Wir sind *im* Geist.

Diese Operation zieht alles Mögliche nach sich – wer wir wirklich sind, wozu wir geschaffen wurden und was uns im tiefsten Kern unserer Persönlichkeit erfüllt.

15

Vor vielen Jahren sammelte meine Mutter russische Matroschka-Puppen. Wer diese Puppen kennt, der weiß, dass sich in ihnen mehr verbirgt, als man mit bloßem Auge sehen kann. Diese Puppen sind aus Holz und bestehen aus zwei Hälften. Wenn man die obere Hälfte abzieht, kommt im Inneren eine kleinere Puppe zum Vorschein. Wenn man diese herausnimmt und wiederum öffnet, findet man in ihrem Inneren eine noch kleinere Puppe. Das geht so weiter bis zur kleinsten Puppe. Wer die größte Puppe von außen betrachtet, würde nie erraten, was drinnen ist.

> Die wenigsten von uns denken darüber nach, was es bedeutet, dass wir in Gott verborgen sind.

Weil jede Puppe in einer größeren Puppe steckt, geschieht mit den inneren Puppen genau dasselbe wie mit der äußersten. Hebt man die Puppe hoch und stellt sie auf ein Regal, werden auch alle anderen Puppen mit hochgehoben. Wirft man die Puppe ins Feuer, verbrennen auch die Puppen im Inneren.

Diese Matroschka-Puppen helfen mir zu verstehen, was es bedeutet, *in* Christus zu sein. Die Bibel sagt: »Euer Leben ist mit

Christus verborgen in Gott« (Kol 3,3). Ich schätze, die wenigsten von uns denken darüber nach, was das bedeutet. Doch die Bibel betont sechsmal häufiger, dass wir *in* Christus sind, als die Tatsache, dass Christus in uns ist. Dieses *wir in Christus* ist offensichtlich eine wichtige Wahrheit, und Gott möchte wirklich, dass wir sie ergreifen.

Paulus zeigt den Korinthern und Kolossern unser geistliches Versetztsein in Christus:

*Durch ihn aber seid ihr **in Christus Jesus**, der uns von Gott gemacht worden ist zur Weisheit, zur Gerechtigkeit, zur Heiligung und zur Erlösung. (1Kor 1,30)*

Er hat uns errettet aus der Herrschaft der Finsternis und hat uns versetzt in das Reich des Sohnes seiner Liebe. (Kol 1,13)

Gott hat unsere geistliche Position verändert. Er hat uns aus Adam herausgeholt und in Christus hinein platziert. Aufgrund unserer ursprünglichen Position in Adam waren wir wie Adam. Durch unsere neue Position in Christus werden wir wie Christus. Wir sind geistlich lebendig und gerecht.

> *Wir selbst* wurden mit ihm geistlich gekreuzigt und begraben.

Wie genau haben wir das hinter uns gelassen, wer wir früher waren, und sind innerlich so anders geworden? Sehen wir uns einmal die Operation an, die unsere geistliche DNA für immer verändert hat.

Deine eigene Beerdigung

Wir wissen um die Kreuzigung und Grablegung Jesu. Schließlich waren das geschichtliche Ereignisse. Etwas völlig anderes ist es, uns bewusst zu werden, dass *wir selbst* geistlich mit Christus gekreuzigt und begraben wurden.

In dem Augenblick, in dem wir bei unserer Errettung in Christus hineingehen, wird unser altes Ich ausgelöscht. Das geschieht, weil Gott den alten Menschen durch eine übernatürliche, zeitlose Operation abtötet. Wir sind mit Christus gekreuzigt:

*Oder wisst ihr nicht, dass wir alle, die wir in Christus Jesus hinein getauft sind, in seinen Tod getauft sind? Wir sind also mit ihm begraben worden durch die Taufe in den Tod, ... wir wissen ja dieses, dass **unser alter Mensch mitgekreuzigt worden ist** ... (Röm 6,3-4+6)*

So erstaunlich es auch sein mag, dass wir mit Christus gekreuzigt wurden, es ist nicht genug! Gott geht noch weiter und erweckt uns von den Toten auf und setzt uns mit Christus zu seiner Rechten: »Und hat uns *mit auferweckt* und mitversetzt in die himmlischen [Regionen] in Christus Jesus« (Eph 2,6).

Für kurze Zeit wandelte Jesus Christus als Mensch wie wir auf dieser Erde. Doch heute sitzt er mit Gott im Himmel. Und wir sind mit ihm verbunden! Wir sind nicht nur mit dem Messias verbunden, der damals auf der Erde umherging und eine kurze Zeit niedriger war als die Engel. Wir sind verbunden mit dem *auferstandenen* Christus.

Manchmal sehen wir uns als Sünder in den liebenden Armen eines Gottes, der vorgibt, uns nicht so zu sehen, wie wir wirklich sind. In unseren Köpfen trägt Gott so etwas wie eine »Jesus-Brille«, die unseren tatsächlichen Zustand vor seinem Blick verbirgt. Wir tun uns schwer mit dem Gedanken, dass Gott uns gerecht nennt, *weil wir tatsächlich gerecht sind.* Es fühlt sich demütiger an zu glauben, wir seien ein dreckiger Wurm, der darauf wartet, irgendwann in der Zukunft in einen wunderschönen Schmetterling verwandelt zu werden.

> Wenn wir Christen also keine vollkommene Gerechtigkeit für uns in Anspruch nehmen, setzen wir Gottes Maßstab herab.

Jesus hat es treffend formuliert. Er sagte, unsere Gerechtigkeit müsse die der Pharisäer noch übertreffen, damit wir in das Reich Gottes hineinkommen können (Mt 5,20). Wenn wir Christen also keine vollkommene Gerechtigkeit für uns in Anspruch nehmen, setzen wir Gottes Maßstab herab. Wir verwässern das Evangelium. Wir unterstellen, dass Jesus sich mit der Sünde eins machen kann. Und wir beleidigen Gottes Vollkommenheit.

Aber ohne Vollkommenheit geht es nicht. Aus genau diesem Grund musste Gott uns durch unseren eigenen Tod, unser Begrabenwerden und unsere Auferstehung in unserem menschlichen Geist vollkommen gerecht machen. Die Theologie, dass wir ein dreckiger Wurm sind, spricht mit ihrer scheinbaren Demut nur das Fleisch an. Aber Gott billigt es sicher nicht, wenn wir uns in unserem schwachen Selbstbild suhlen.

Der auferstandene Christus verbindet sich nicht mit dreckigen Würmern. Der *Heilige* Geist wohnt nicht in schmutzigen Sündern. Christus wird nur mit denen eins, die im Geist so sind wie er. Der Heilige Geist wohnt nicht in jemandem, der auch nur zu einem Prozent mit Sünde beschmutzt bleibt.

Wir wurden vollkommen rein gemacht. Und wir wurden in unserem innersten Kern durch eine geistliche Operation auch völlig gerecht gemacht. Das ist der einzige Weg, wie wir überhaupt auch nur für einen Moment eine Beziehung zu Jesus haben können.

Der Kern

Manche betrachten das Christentum als eine Bewegung oder Kampagne. Wir sehen, wie Menschen sich nach einem bestimmten Muster verhalten und andere dazu bringen, dasselbe zu tun. Irgendwie erkennen wir nicht, dass es dem Evangelium *im Kern* doch gar nicht um Verhaltensänderung geht. Stattdessen dreht sich seine Botschaft um das Sterben und darum, dass man auf übernatürliche Weise zu einem neuen Menschen auferweckt wird.

Sicher hat das Leben in Christus Auswirkungen auf unser Verhalten. Aber wir können es uns nicht leisten, uns mehr mit den Auswirkungen zu beschäftigen als mit der Ursache, nämlich den Fragen nach *Tod* und *Leben*. Paulus beschreibt den Kern der Botschaft so:

Denn ihr seid gestorben, und euer Leben ist verborgen mit dem Christus in Gott. Wenn der Christus, unser Leben, offenbar werden wird, dann werdet auch ihr mit ihm offenbar werden in Herrlichkeit. (Kol 3,3-4)

Den Kern vermitteln

Auf der Uni konnte ich mit einem Freund stundenlang über Gnade und Glauben diskutieren und die meiste Zeit drehten wir uns im Kreis. Aus irgendeinem Grund waren wir bei geistlichen Themen einfach nicht der gleichen Meinung.

Nachdem das eine Zeit lang so ging, sagte ich schließlich: »Ich weiß wirklich nicht, wie ich es erklären soll. Aber im Grunde geht es nicht darum, dass wir uns bemühen, uns anders zu verhalten. Christ werden ist, wie wenn man stirbt und am nächsten Tag als völlig neuer Mensch aufwacht.« Mit diesen Worten beendeten wir unser Gespräch. Kurz darauf begann mein Auslandssemester. Ich ging nach Griechenland und Italien und sah meinen Freund fast ein halbes Jahr lang nicht.

> »Gott, töte mich« ist nicht unser typisches Bekehrungsgebet.

Ein paar Tage nach meiner Rückkehr kam er auf mich zu und sagte: »He, ich hab jetzt endlich verstanden, was du gemeint hast.« – »Womit denn?«, fragte ich, denn ich erinnerte mich nicht mehr an unser Gespräch.

»Na, das mit dem Sterben und ein neuer Mensch werden. Eines Abends habe ich darüber nachgedacht, wie du das erklärt hast. Und dann habe ich gebetet und Gott gebeten, mich zu töten und zu einem neuen Menschen zu machen.«

»Gott, töte mich« ist nicht unser typisches Bekehrungsgebet. Aber die Worte, die ich aus purer Verzweiflung gewählt hatte, verfolgten meinen Freund sechs Monate lang. Und eines Tages beschloss er, danach zu handeln. Letztendlich war es also keines meiner bedacht gewählten und vorsichtig geschliffenen Argumente, die meinem Freund ins Herz drangen. Es war eine zentrale Wahrheit – dass man sterben und neu werden muss. Das war es, was er am meisten brauchte, und das war es, was Gott gebrauchte, um sein Herz zu erreichen.

Tod und neues Leben. Das ist der Kern des Evangeliums.

Es ist real

Menschen, die ihr Vertrauen auf Christus setzen, unterziehen sich im Kern ihres Wesens einem übernatürlichen Austausch. Sie hören auf, der zu sein, der sie in Adam waren. Sie werden zu einem neuen Menschen, zu einem Kind Gottes, das in Christus ist.

Das Schlüsselereignis, das diesen Austausch verursacht, ist ein Sterben, Begrabenwerden und Auferstehen mit Christus. Dieser übernatürliche Austausch erfolgt nicht bildhaft oder symbolisch, sondern *buchstäblich* und *tatsächlich*. Der geistliche Teil jedes Christen wurde

> Der alte Mensch ist völlig ausgelöscht.

buchstäblich und *tatsächlich* gekreuzigt, begraben und mit Christus auferweckt. Die Tatsache, dass dies ein geistlicher Vorgang ist (und kein körperlicher), macht ihn nicht weniger real.

Was aber geschieht mit dem alten Menschen, der in Adam war? Wenn jemand in Christus ist, ist der alte Mensch völlig ausgelöscht. Das führt wie von selbst zu der Frage: *Wenn mein alter Mensch aber tot und gestorben ist, warum sündige ich dann noch?*

Die Frage ist nicht neu. Auch die Christen in der ersten Gemeinde haben sich das gefragt. Und Gott sei Dank hatte derselbe Apostel, der uns darüber informiert, dass unser alter Mensch tot ist, auch darauf solide Antworten. Er kann uns sagen, warum wir immer noch mit der Sünde zu kämpfen haben.

16

Die schockierende und zugleich befreiende Entdeckung unseres neuen Ichs machen wir erst dann, wenn wir eine Erklärung dafür gefunden haben, warum wir immer noch mit Sünde zu kämpfen haben. Der Versuch, die beiden biblischen Gedanken, dass (1) unser alter Mensch zwar tot ist, wir aber (2) immer noch sündigen, miteinander in Einklang zu bringen, hat uns im Lauf der Geschichte kreative und oft beeindruckende gedankliche Verrenkungen abverlangt.

Viele vertreten die Meinung, dass unser alter Mensch nur *vergeistlicht tot* gesehen werden kann, oder aber mit der Zeit *immer mehr stirbt.* Aber dieselben Briefe, die behaupten, dass Jesus durch seinen Tod am Kreuz unser *Verhaltens*problem gelöst hat und unsere Sünden wegnahm, sagen auch, dass er unser *Identitäts*problem löste, indem er uns ein neues Herz, einen neuen Geist und den Geist Gottes gab. Wir nehmen die Vergebung, Jesu Tod am Kreuz, den Himmel und Jesu Wiederkunft als Tatsachen an. Wir haben nicht das Recht, den Tod unseres alten Menschen

> **Warum sündige ich eigentlich immer noch?**

nur vergeistlicht zu sehen oder ihn als etwas ständig Fortschreitendes zu betrachten.

Ich glaube, dass wir zum Beispiel Römer 6 genauso lesen müssen wie den Rest des Briefes, im buchstäblichen Sinne. Doch wenn das stimmt, dann müssen wir natürlich ein paar gute Antworten auf die folgende Frage finden: Wenn mein alter Mensch tatsächlich, buchstäblich und endgültig gestorben ist, warum sündige ich dann eigentlich immer noch?

Der innere Kampf

Bevor wir fortfahren, sollten wir über eine wichtige Frage nachdenken: Wenn wir eine zufriedenstellende Antwort darauf finden, warum wir immer noch mit der Sünde zu kämpfen haben, können wir dann wirklich glauben, dass unser alter Mensch tot und begraben und kein Stückchen unseres alten Ichs mehr in uns vorhanden ist? Ich wünsche dir wirklich von ganzem Herzen, dass du erkennst, wie rein du als neue Schöpfung bist – und gleichzeitig eine Erklärung dafür findest, warum dir die Sünde immer noch zu schaffen macht. Wenn wir diese beiden Realitäten verstehen, dann sind wir gewappnet und können dem Alltag und der Versuchung auch so gegenübertreten, wie Gott es sich gedacht hat.

Um der Versuchung zu widerstehen, ist es wichtig, dass wir ihren *Ursprung* kennen. Wer schon einmal versucht hat, den eigenen Wünschen zu widerstehen, der weiß, wie schwierig das sein kann. Wenn zum Beispiel die Liebe zu einem Menschen unerwidert bleibt, versucht man, dem Schmerz aus dem Weg zu gehen, indem man diesen Menschen einfach nicht mehr liebt. Doch dein Herz schreit förmlich nach diesem Menschen. Dann kannst du ja nicht einfach so tun, als sei die Liebe nicht da. – Oder du willst abnehmen und versuchst deinen Appetit auf dein Lieblingsgericht zu unterdrücken.

Wenn der Sünde widerstehen bedeutet, zu etwas Nein zu sagen, das wir eigentlich *wollen*, dann werden wir scheitern in unserem Bemühen, die Versuchung zu besiegen. Aber zum Glück malt Gott uns ein anderes Bild. Er zeigt uns eine Kraft namens *Fleisch*, die uns davon abhalten will, das zu tun, was wir wirklich wollen.

Übersetzungsfehler

Zunächst einmal müssen wir unterscheiden zwischen *Fleisch* und *sündiger Natur*. Das griechische Wort, das in den Originalhandschriften verwendet wird, lautet *sarx* und wird wörtlich mit »Fleisch« übersetzt. Genauso wird *sarx* in der englischen New American Standard Bible und vielen anderen englischen Übersetzungen auch wiedergegeben.[7] Doch eine beliebte englische Übersetzung, die New International Version (NIV), übersetzt *sarx* stattdessen als *sündige Natur* (und erwähnt *Fleisch* nur in der Fußnote).[8] Der Ausdruck *sündige Natur* kann zu ungenauen und falschen Vorstellungen über das neue Herz, den neuen Verstand und Geist führen, die wir in Christus haben. Das griechische Wort *sarx* enthält weder die Bedeutung »sündig« noch »Natur«. Die NIV weitet den Begriff einfach aus.

---

7 Und einigen deutschen Übersetzungen.

8 Dem folgen auch die deutschen Übersetzungen *Hoffnung für alle, Neue Genfer Übersetzung, Gute Nachricht Bibel, Neues Leben Bibel, Neue evangelistische Übersetzung*, die die Stellen in Römer 7 und 8 und Galater 5 mit *sündige Natur, menschliche Natur, selbstsüchtige Natur* übersetzen.

Die NIV ist eine tolle englische Übersetzung, die dem Durchschnittsleser einen einfachen Zugang zu bestimmten Gedanken verschafft. In fast allen Fällen erfolgt das auch schadlos, da die Übersetzer das Griechische im Englischen so genau, klar und verständlich wie möglich wiedergeben. Aber in diesem speziellen Fall hat der Versuch, Gottes Wort verständlicher zu machen, zu einem Missverständnis geführt.

Das Ergebnis ist, dass viele Christen heute glauben, sie müssten ständig und andauernd gegen ihre sündige Natur ankämpfen. Es braucht nicht viel, um von (1) *ich habe eine sündige Natur* über (2) *ich bin von Natur aus ein Sünder* und weiter zu (3) *zu sündigen ist für mich die natürlichste Sache auf der Welt* zu gelangen. Dann ziehen wir den falschen Schluss, wenn wir glauben wir seien im Kern unseres Wesens (also unserer Natur) sündig, obwohl die Bibel uns doch das genaue Gegenteil lehrt: Wir sind jetzt der göttlichen Natur teilhaftig (2Petr 1,4)!

> Wir ziehen den falschen Schluss, wenn wir glauben wir seien im Kern unseres Wesens (also unserer Natur) sündig.

Wir kämpfen als Christen gegen etwas mit der Bezeichnung *Fleisch* und nicht gegen unsere eigene *Natur*. Dem Evangelium geht es einzig und allein darum, dass Jesus Christus jeden Glaubenden zu einem neuen Menschen gemacht hat. Das Alte ist vergangen, es ist Neues geworden. Das zu leugnen oder zu verwässern heißt, an der Wirksamkeit dieser Botschaft vorbeizugehen.

Angesichts der radikalen Aussagen über unsere Persönlichkeit ist es wichtig, nun gründlich die Bibel zu befragen. Wir müssen besser verstehen, was das Fleisch ist und wie es wirkt.

Fleischliche Identität

Das erste, was wir über das Fleisch sehen, ist, dass es als Mittel dienen kann, um uns ein Gefühl von Weisheit, Stärke oder Status zu verschaffen: »Seht doch eure Berufung an, ihr Brüder! Da sind nicht viele Weise nach dem Fleisch, nicht viele Mächtige, nicht viele Vornehme« (1Kor 1,26).

Intelligent. Stark. Beliebt. Das Fleisch will ein Gefühl der Identität vermitteln, das auf intellektuellen Merkmalen, körperlichen Eigenschaften oder sozialem Status beruht. Das Fleisch will, dass wir unsere Identität aus der *Seele* (Denken oder Intellekt) und dem *Körper* (familiäre Herkunft oder äußeres Erscheinungsbild) beziehen, und nicht von unserem *Geist* – unserer neuen Identität in Christus.

> Auf das Fleisch zu vertrauen ist eine Entscheidung.

Ich bin in Washington, D.C. aufgewachsen und kenne daher Menschen, die ihre ganze Identität aus der Politik beziehen. In der akademischen Welt besteht die Versuchung, die eigene Identität aus Titeln und intellektuellen Leistungen abzuleiten. In Hollywood meinen manche, sie sollten wie der Hochadel behandelt werden, weil sie so reich und berühmt sind. Andere verbringen ihr Leben damit, ihr äußeres Erscheinungsbild zu pflegen, weil es für sie eine Quelle des Wertes und der Anerkennung ist.

Doch ganz gleich, ob wir unsere Identität durch Intellekt, sozialen Status oder äußeres Erscheinungsbild zu erlangen versuchen. Es ist alles ein Streben nach Identität und Erfüllung im Fleisch.

Wir könnten *Fleisch* also definieren als »einen Ansatz, um in dieser Welt eine geachtete, starke oder beliebte Persönlichkeit zu sein«. Paulus untermauert das mit seinen Sätzen:

Wenn ein anderer meint, er könne auf Fleisch vertrauen, ich viel mehr: beschnitten am achten Tag, aus dem Geschlecht Israel, vom Stamm Benjamin, ein Hebräer von Hebräern, im Hinblick auf das Gesetz ein Pharisäer, im Hinblick auf den Eifer ein Verfolger der Gemeinde, im Hinblick auf die Gerechtigkeit im Gesetz untadelig gewesen. (Phil 3,4-6)

Auf das Fleisch zu vertrauen ist eine Entscheidung. Wir können unsere Identität auf unsere Geburt in eine bestimmte Familie hinein bauen oder auf unsere Leistungen. Paulus führte sein positives Image auf seine Mitgliedschaft im Israelklub zurück (Beschneidung), auf seine Nationalität, seinen Stamm, seine religiösen Errungenschaften und seinen Ruf. Aber am Ende stellte er fest, dass die Identität, die er sich aufgebaut hatte, wertlos war. Er entdeckte, dass das Prahlen mit Erbe, Herkunft und Religiosität erbärmlich war angesichts der Erkenntnis seiner echten Identität *in Jesus Christus.*

Die Kehrseite

Mit dem Wort *Fleisch* bringen wir böse Charakterzüge in Verbindung – üble Nachrede, Begierde und andere hässliche Manifestationen der Sünde. Obwohl die Bibel sie Werke des Fleisches nennt, gibt es auch noch eine Kehrseite der Medaille. Klar, das Fleisch zwingt uns gerne in Richtung des offensichtlich Bösen. Aber das Fleisch ist genauso zufrieden, wenn es einen religiösen oder moralisch hochstehenden Lebensstil hervorbringt, der von anderen bewundert wird!

Glauben wir nur nicht, das Fleisch würde sich darauf beschränken, nur hässliches Verhalten hervorzubringen. Das Fleisch unterstützt *jede* Art von Identität, solange es damit Anerkennung und Liebe, Aufmerksamkeit und Akzeptanz erwerben kann. Wenn du Paulus' Frage an die Galater liest, versuch einmal zu erkennen, welche »Art« von Fleisch in ihrem Leben am Werk ist: »Seid ihr so unverständig? Im Geist habt ihr angefangen und wollt es nun *im Fleisch vollenden?*« (Gal 3,3).

Bei den Galatern äußerte sich das Fleisch nicht durch böses Verhalten. Stattdessen behalfen sich diese Christen mit fleischlichen Anstrengungen als Mittel, *sich selbst* in Christus *zu vollenden* (also in ihm zu wachsen)! Sie betrachteten ihre Schlauheit und moralische Stärke als den Weg zu geistlicher Reife.

Sind wir heute auch nur ein bisschen besser?

Wir sollen genauso wachsen, wie wir Christus angenommen haben – durch die Abhängigkeit von ihm. Für sein Wirken in unserem Leben gibt es keinen Ersatz. Eine fleischliche Methode der Selbstverbesserung mag attraktiv wirken, wenn wir Gottes Weg zur Reife nicht kennen. Aber Gottes Weg ist einfach und gerade: Nur Jesus, sonst nichts! Wie Paulus schreibt: »… ich [bin] davon überzeugt …, dass der, welcher in euch ein gutes Werk angefangen hat, es auch vollenden wird bis auf den Tag Jesu Christi« (Phil 1,6).

Eine Definition

Aus dieser und anderen Bibelstellen über die Ziele und Wünsche des Fleisches lernen wir ein paar wichtige Dinge:

- Das Fleisch ist eine Art zu *denken*.
- Das Fleisch ist eine Art zu *wandeln*.
- Das Fleisch *arbeitet gegen* den Geist.
- Das Fleisch fördert *eigene Anstrengung*.
- Das Fleisch strebt nach *Sinn* und *Identität*.
- Wir entscheiden, ob wir uns *auf* das Fleisch *verlassen*.

Aber das Fleisch ist nicht der alte Mensch. Es ist zwar bei uns, aber wir sind nicht das Fleisch. Wir selbst entscheiden immer wieder neu, ob wir uns auf das Fleisch verlassen oder auf den Geist. Wie wir uns jeweils entscheiden, das hängt davon ab, ob wir das Fleisch kennen

Das Fleisch ist nicht unser alter Mensch.

und ob wir erkennen, was das Fleisch will und wie sinnlos seine Methoden sind.

Unsere falschen Entscheidungen, im Fleisch zu leben, geben keinerlei Hinweis auf unsere Natur. Christen sind im Kern eine neue Schöpfung, egal für welches Vorgehen wir uns im Einzelfall entscheiden. Christen sind *im* Geist. Doch wir entscheiden uns von Situation zu Situation, ob wir im Geist oder im Fleisch leben wollen.

Sei du selbst

Hast du schon einmal vorgegeben, jemand anders zu sein? Vielleicht wolltest du jemandem imponieren und wolltest ihm vormachen, du wärest mehr als du in Wirklichkeit bist. Es ist durchaus möglich, dass wir uns auf eine Art verhalten, die nicht mit dem übereinstimmt, wer wir wirklich sind. Normalerweise tun wir das, wenn wir uns fragen, was andere von uns denken könnten.

Wenn wir im Fleisch leben, *sind wir nicht wir selbst.* Wenn wir uns auf Intellekt, Stärke oder äußeres Erscheinungsbild verlassen, um Sinn und Erfüllung zu finden, leben wir im Fleisch.

> Sei du selbst und lass Christus durch dich wirken – es ist ein und dasselbe.

Doch noch einmal: Das ist kein Hinweis auf unsere Natur! Eigentlich ist es *gegen* unsere Natur, wenn wir uns auf das Fleisch verlassen.

Wir sind dafür geschaffen, uns auf Christus zu verlassen. Es ist unsere Bestimmung, im Geist zu leben.

Wir werden nie glücklich sein, wenn wir im Fleisch leben oder uns eine Identität außerhalb von Christus erschaffen. Die Möglichkeit dazu besteht zwar, aber wir werden darin keine Erfüllung finden.

Bevor wir in Christus waren, hatten wir keine andere Wahl, als unsere Identität und ein Gefühl der Erfüllung aus dem Fleisch zu beziehen. Aber jetzt, als Kinder Gottes, findet in uns ein Kampf statt. Wenn wir im Fleisch wandeln, schreien der Heilige Geist und unser neuer menschlicher Geist (der neue Mensch) förmlich danach, gehört zu werden.

Wenn wir in der Abhängigkeit vom Geist leben, ist das tatsächlich nichts anderes, als dass wir wir selbst sind. Genau dazu und nur dazu wurden wir geschaffen. Schließlich sind wir Gottes Meisterstück (Eph 2,10). Wir wurden dazu geschaffen, in den Haltungen und Werken zu wandeln, die Gott bereits für uns vorbereitet hat.

Unsere neue Identität ist, dass wir in Christus sind. Deshalb ist es für einen Christen ein und dasselbe, er selbst zu sein und Christus durch sich wirken zu lassen. Gott hat es so eingerichtet, dass wir durch unser neues Ich und unser Einssein mit seinem Geist das wollen, was er will. Gott beherrscht den Markt der wahren Erfüllung. Und er hat ein intensives und unstillbares Verlangen in uns hineingelegt, unsere Erfüllung darin zu finden, dass wir sein Leben zum Ausdruck bringen.

17

Leider ist das Fleisch nicht allein unterwegs. Es hat einen starken Verbündeten, dessen Plan es ist, uns davon abzubringen, nach dem Geist zu wandeln. Wer ist dieser Verbündete? Eine Kraft, die in uns wirkt und *Sünde* genannt wird.

Sünde, nicht Sünden

Zunächst müssen wir einen Unterschied machen zwischen *der Sünde* (Singular) und *den Sünden* (Plural). Natürlich sind *Sünden* Haltungen oder Verhalten, an denen wir auch beteiligt sind. Aber *die Sünde* ist etwas anderes.

Die Sünde taucht das erste Mal in 1. Mose auf, als Gott mit Kain spricht: »Wenn du aber nicht Gutes tust, so lauert die Sünde vor der Tür, und ihr Verlangen ist auf dich gerichtet; du aber sollst über sie herrschen!« (1Mo 4,7) Hier warnt Gott Kain vor dem, was ihm bevorsteht, und er offenbart darin ein wichtiges Konzept, das auch für uns heute gilt. Es gibt eine Macht mit dem Namen *Sünde*, und ihr Verlangen ist auf uns gerichtet.

Noch einmal, wir sprechen nicht von den *Sünden* oder dem *Sündigen,* sondern von einer Kraft mit dem Namen *Sünde.* Gott warnte Kain nicht vor sündigem Verhalten. Sondern es ging ihm um eine organisierte Macht, die mit Verlangen und mit dem Streben nach Kontrolle einhergeht.

Direkt vor unserer Nase findet ein Kampf statt. Wir wissen, dass wir versucht werden, aber woher kommt dieses Verlangen? Der Apostel Paulus berichtet, wie er versuchte, als Pharisäer unter den Forderungen des Gesetzes zu leben. In Römer 7,14 spricht er von seiner Entdeckung, dass er »fleischlich [ist], unter die Sünde verkauft«. Solange er unter dem Gesetz war, dachte Saulus von Tarsus zunächst, alles sei in Ordnung. Bis die Sünde sich bei ihm durchsetzte, hatte er keine Ahnung davon, dass er in Knechtschaft lebte.

> Sünde ist eine organisierte Macht, die mit Verlangen und mit dem Streben nach Kontrolle einhergeht.

Gott benutzte das Gesetz, um Saulus eine tiefgehende Einsicht seiner Sündhaftigkeit zu vermitteln. Später benutzte Gott den Vorfall auf der Straße nach Damaskus, um ihn aus der geistlichen Knechtschaft zu befreien.

Saulus von Tarsus erlebte eine erstaunliche Offenbarung, die auch die Art und Weise, wie wir unser Gedankenleben heute sehen, drastisch verändern kann. Eine organisierte und personifizierte Macht mit dem Namen *Sünde* war *in* Saulus am Werk und brachte ihn dazu, Dinge zu tun, die er nicht tun wollte. Diese Macht war nicht Saulus selbst. Es war etwas außerhalb von ihm, obwohl es durch seinen Körper wirkte. Achten wir einmal genau darauf, mit welchen Worten er seinen Kampf mit der Sünde beschreibt, als er noch unter dem jüdischen Gesetz lebte:

Denn was ich vollbringe, billige ich nicht; denn ich tue nicht,
was ich will, sondern was ich hasse, das übe ich aus. Wenn
ich aber das tue, was ich nicht will, so stimme ich dem Ge-
*setz zu, dass es gut ist. Jetzt aber **vollbringe nicht mehr ich***
*dasselbe, sondern die **Sünde**, die in mir wohnt. (Röm 7,15-17)*

Saulus gibt etwas die Schuld, das *nicht* er selbst war. Wow! Hier
sehen wir, dass eine sekundäre Quelle namens *Sünde* die sündigen Gedanken auftischt. Die Sünde lebte *in* Saulus, aber sie war
nicht Saulus.

Wirkt diese Kraft mit dem Namen *Sünde* immer noch? Und
lebt sie heute immer noch im natürlichen Körper von Christen?
Auf jeden Fall. Bei der Errettung ist mit der Macht der Sünde
nichts weiter geschehen. Sie lebt und wirkt immer noch in unserem Körper. Denn schließlich wurden *wir* er-
rettet und nicht die Macht der Sünde! Erst im Himmel werden wir einen neuen Körper bekommen. Also
wird die Sünde so lange in unserem
Körper bleiben.

> Die Christen sind heutzutage oft nur zu bereit (oder sogar darauf erpicht) zu behaupten, sie seien sündig wie jeder andere auch.

Was wäre, wenn die Christen heute erkennen würden, dass ihr Körper
eine quälende Kraft beheimatet, die
in ihnen wirkt? Die sich vielleicht so anfühlt *wie* sie selbst, die aber
nicht sie ist? Was würde sich für dich verändern, wenn du den
Kampf mit der Sünde so verstehen würdest?

Doch wir sind heutzutage oft nur zu bereit (oder sogar darauf
erpicht) zu behaupten, wir seien sündig wie jeder andere auch.
Wir denken, es sei demütig, zu sagen, wir seien nicht besser als
die anderen um uns herum.

Doch das Neue Testament zeichnet ein ganz anderes Bild.

Wir sind Fremdlinge in dieser Welt und Bürger eines anderen Ortes.

Sind wir also wirklich genauso wie alle anderen? Besteht der einzige Unterschied darin, wohin wir nach diesem Leben gehen? Oder gibt es da etwas im Kern unseres Wesens, das uns ganz grundlegend von allen anderen unterscheidet? Solange wir keine Antworten auf diese Fragen finden, bleiben wir im Unklaren über ein wichtiges Thema: Wer bin ich?

Geborene Sklaven

Saulus von Tarsus wollte als frommer Jude das Gesetz halten und das Rechte tun. Seine Absichten deckten sich mit dem, was Gott angeordnet hatte. Aber am Ende führte er diese Absichten doch nicht aus. Und die meisten von uns kennen diese Frustration eines Lebens unter dem Gesetz auch, ob wir nun errettet sind oder nicht.

Paulus scheut keine Mühe um klarzustellen, dass seine Absichten *nicht* das Problem waren. Wenn wir den Text genau lesen, erkennen wir, dass das Problem woanders lag:

Denn ich weiß, dass in mir, das heißt in meinem Fleisch, nichts Gutes wohnt; das Wollen ist zwar bei mir vorhanden, aber das Vollbringen des Guten gelingt mir nicht. Denn ich tue nicht das Gute, das ich will, sondern das Böse, das ich nicht will, das verübe ich. (Röm 7,18-19)

Warum war Saulus von Tarsus nicht in der Lage, Gutes zu tun? Im nächsten Vers verrät er den Grund seines verwirrenden Verhaltens: »Wenn ich aber das tue, was ich nicht will, *so vollbringe nicht mehr ich es*, sondern *die Sünde*, die in mir wohnt.« (Röm 7,20).

Ganz offensichtlich wälzt er die Verantwortung auf *jemand anderen* ab. Wenn du diese wichtige Wahrheit bisher noch nicht begriffen hast, dann nimm dir ein paar Minuten Zeit, um langsam die zweite Hälfte von Römer 7 zu lesen. Beachte, was Paulus zwei Mal betont, einmal in Vers 17 und einmal in Vers 20.

Die Theologen diskutieren darüber, ob Paulus bereits errettet war oder nicht, als er die in Römer 7 geschilderte Erfahrung machte. Ich denke, Römer 7 erzählt von seinem Kampf als Jude, denn er sagt von sich selbst, dass er »im Fleisch« war (V. 5) und »unter die Sünde verkauft« (V. 14). Für mich klingt das wie die Worte eines Verlorenen. Nach seiner Errettung wusste Paulus ja, dass er gestorben und von der Sünde befreit war.

> In unserem natürlichen Körper gibt es ein Prinzip der Sünde.

Ob Römer 7 eine Erfahrung beschreibt, die vor oder nach der Errettung stattgefunden hat, ist jedoch nicht wichtig. Egal was wir zu dieser Frage denken, wesentlich ist, dass es in unserem natürlichen Körper ein Prinzip der Sünde gibt.[9] Und dieses Prinzip der Sünde wird geweckt, wenn wir – ob errettet oder verloren – versuchen, nach dem Gesetz oder einem gesetzesähnlichen Maßstab zu leben.

Bei der Errettung verändern sich weder unser Körper noch unsere Verbindung mit dem Natürlichen. Wenn wir errettet sind, ist die Sünde also *immer noch* in unserem Körper. Wir werden später noch darüber sprechen, dass wir jetzt der Sünde tot sind

---

9 siehe Streiflicht 6 auf S. 280.

und deshalb ihrem Drängen widerstehen können. Aber die Sünde selbst ist nicht tot. Unsere Erfahrung lehrt uns, dass sie sehr lebendig ist.

Die Sünde ist zwar *in uns*, aber *wir sind nicht* die Sünde.

Ist der Teufel schuld?

Bedeutet das, dass wir uns vor der Verantwortung für unser Handeln drücken können? Sollen wir daraus folgern, dass der Teufel uns dazu bringt zu sündigen, und es gar nicht unsere Schuld ist?

Wir wissen aus Römer 6, dass es *unsere* Verantwortung ist, die Sünde nicht über unser Leben herrschen zu lassen. Paulus ermahnt uns, dieser gefährlichen Kraft zu widerstehen und nicht zuzulassen, dass sie die Kontrolle übernimmt. Wir haben also die Wahl. Wir sind dazu aufgerufen, das Vorhandensein der Sünde anzuerkennen und ihr eine Absage zu erteilen: »So soll nun die *Sünde* nicht herrschen in eurem sterblichen Leib, damit ihr [der Sünde] nicht durch die Begierden [des Leibes] gehorcht« (Röm 6,12).

Achten wir darauf, wem die Begierden zugeschrieben werden, nämlich der Sünde. Wenn wir der Sünde nachgeben, kaufen wir ihr ab, dass wir sündigen *wollen*. Ja, wir beugen uns nicht Gott. Aber wir beugen uns auch nicht unserem eigenen Ich. Vielmehr fügen wir uns Gedanken, die nicht uns entspringen. Sie kommen aus einer finsteren Quelle, und aus diesem Grund werden sie uns nie Erfüllung bringen.

Wir können der Sünde erlauben, bei uns durchzukommen, aber was haben wir davon? Klar, sie bringt uns vielleicht zeitweise ein flüchtiges Gefühl der Erfüllung, aber nur auf einer unteren (fleischlichen) Ebene. Bei dem Gläubigen wird dieses Gefühl schließlich dem Bedauern und einem Gefühl für unsere höhere Berufung Platz machen.

Dieses Gefühl der höheren Berufung hat eine zweifache Ursache: Die Gegenwart Christi in uns und der neue menschliche Geist des Gläubigen, der mit ihm verbunden ist. Als himmlische Menschen verachten wir das Fleisch und die Kraft der Sünde. Der Kern unseres Wesens schreit förmlich danach, die Bestimmung zu erfüllen, die vor uns liegt.

Ein Parasit

Stell dir vor, du machst Urlaub in den Tropen. Nachdem du im Hotel eingecheckt hast, schlüpfst du in deine Sandalen und läufst den Weg zum Strand hinunter. Doch irgendwo am Weg heftet sich ein Parasit an deinen Fuß. Mit der Zeit gräbt er sich immer tiefer ein – so tief, dass du gar nicht merkst, dass er da ist.

Im Verlauf der nächsten Monate wird der Parasit immer größer und ernährt sich von dir. Schließlich kommt es soweit, dass seine Machenschaften Schmerzbotschaften an dein Gehirn senden. Mit der Zeit wird der Schmerz immer schwerer zu ertragen. Du beginnst zu denken: »Irgendetwas stimmt nicht mit mir. Da ist irgendetwas mit meinem Fuß.« Aber weil du nicht weißt, was *in* deinem Fuß los ist, gehst du davon aus, dass der Fuß an sich das Problem ist.

In den folgenden Monaten und Jahren gehst du zu zahllosen Ärzten, aber keiner entdeckt den Parasiten. Und so kommst du zum Schluss, dass es nur eine einzige Lösung gibt – eine Amputation. Du musst den Ursprung des Problems loswerden. Und dazu, so glaubst du, musst du einen Teil von dir selbst abtrennen.

Was für ein Drama! Wenn doch nur jemand den Parasiten entdeckt hätte, dann wüsstest du, was wirklich los ist.

Obwohl die Sünde nicht wirklich körperlicher Natur ist, ist ihre Kraft doch so ähnlich wie ein Parasit, der seinen Weg in deinen Körper gefunden hat. Dieser Parasit lebt in uns, aber er gehört nicht zu uns. Wenn unser Verstand Botschaften von der Macht der Sünde erhält, können diese Botschaften so klingen oder sich so anfühlen, als kämen sie von uns – vor allem, wenn wir uns nicht bewusst sind, dass unser alter Mensch tot und weggetan ist und wir wirklich *nicht* sündigen *wollen*. Wenn uns nicht klar ist, wer wir wirklich sind, kann die Sünde uns glauben machen, ihre Botschaften kämen aus uns selbst. Wenn ein sündhafter Gedanke durch unseren Kopf geht, kann sich die Sünde sogar plötzlich gegen uns wenden und uns vorwerfen: »Wie konnte ich als Christ so etwas *überhaupt* denken?«

Warst du jemals von deinen eigenen Gedanken überrascht? Hast du dich je gefragt, wie du als ernsthafter Christ überhaupt solche Sachen denken konntest? Der Grund ist nicht, dass wir zur Hälfte schmutzig und zur Hälfte sauber sind, sondern weil ein Kampf in uns tobt. Und es ist wichtig, dass wir die Natur dieses Kampfes verstehen. Nur dann kann eine echte Veränderung stattfinden.

18

Es ist einfach zu erkennen, warum wir oft meinen, unser alter Mensch sei nur vergeistlicht gesehen tot oder würde nur schrittweise sterben. Der alte Mensch muss ja wohl immer noch irgendwo sein, denn schließlich plagen uns immer noch diese sündhaften Gedanken. Oder etwa nicht?

Aber es scheint, als ließe die Bibel in Bezug auf das Thema des alten Menschen keinen Raum für Missverständnisse. Wenn du in Christus bist, dann ist dein alter Mensch nirgends mehr in dir zu finden. Der alte Mensch ist tot, begraben, verschwunden. Doch wir verstehen jetzt, warum Gläubige immer noch sündigen. Wir sündigen, weil da auch weiterhin noch eine Kraft vorhanden ist, die Sünde genannt wird – und uns durch das Fleisch auf allerlei Weise »am Wickel« hält.

Ich habe zahllose Bücher über Theologie und christliches Leben gelesen, die davon ausgehen, dass wir immer noch sündigen, und daraus folgern, dass der alte Mensch immer noch sein Unwesen in uns treibt.[10] Sie kommen zu dem Schluss, Christen hätten zwei Ichs und müssten immer noch »sich selbst sterben«. Manche

---

10 siehe Streiflicht 7 auf S. 281.

berufen sich auf diese Verse im Epheserbrief, um ihre Theologie des Sich-selbst-Sterbens zu stützen:

Ihr aber habt bei Christus etwas anderes gelernt! Oder habt ihr seine Botschaft etwa nicht gehört? Seid ihr etwa nicht in seiner Lehre unterrichtet worden, in der Wahrheit, wie sie in Jesus ›zu uns gekommen‹ ist? Dann wurdet ihr aber auch gelehrt, nicht mehr so weiterzuleben, wie ihr bis dahin gelebt habt, sondern den alten Menschen abzulegen, der seinen trügerischen Begierden nachgibt und sich damit selbst ins Verderben stürzt. Und ihr wurdet gelehrt, euch in eurem Geist und in eurem Denken erneuern zu lassen.
(Eph 4,20-23 NGÜ)

Aber dieser Text spricht offenbar vom Verhalten (Lebensstil). Paulus stellt hier einfach nur heraus, dass sie ursprünglich gelehrt wurden, dass das Leben in Christus eine Veränderung des Verhaltens mit sich bringt.

Der Ausdruck *sich selbst sterben* taucht nirgends auf und der Ausdruck *den alten Menschen abzulegen* ist etwas missverständlich. Ist es ein Befehl in der Gegenwart, den sie jetzt befolgen sollen? Oder ist es das, was Paulus sie am Anfang gelehrt hatte (Vergangenheit)? Am ehesten wohl Letzteres, in Anbetracht dessen, dass es im Kolosserbrief ganz klar heißt, Christen hätten den alten Menschen bei der Errettung ausgezogen (Vergangenheit):

*Lügt einander nicht an, da ihr ja den alten Menschen **ausgezogen habt** mit seinen Handlungen und den neuen **angezogen habt**, der erneuert wird zur Erkenntnis, nach dem Ebenbild dessen, der ihn geschaffen hat ... (Kol 3,9-10)*

Anstatt zu versuchen, »sich irgendwie selbst zu sterben«, was in meinen Augen nicht viel anderes ist, als eine bodenlose Grube zu erforschen[11], sollten wir, denke ich, mit der biblischen Prämisse beginnen, nämlich dass der alte Mensch tot und weggetan ist. Und daraus sollten wir folgern, dass es einen *anderen* Grund geben muss, warum wir immer noch sündigen. Wenn wir diesen Ansatz verfolgen, machen die Lehren von Paulus über das Fleisch und die Macht der Sünde in uns viel mehr Sinn.

Ist diese Unterscheidung wichtig? Auf jeden Fall. Und zwar sowohl für ein gutes Selbstbild als auch für den täglichen Sieg über die Versuchung. Wir müssen uns bewusst werden, dass unser Nein zur Sünde nicht bedeutet, dass wir zu uns selbst Nein sagen müssten. Als Werk Gottes ist nicht unser erneuerter Mensch das Problem. Das Problem ist die Sünde, und unsere Berufung als neue Schöpfung in Christus ist es, zur Sünde Nein zu sagen und Ja zu dem, wer wir wirklich sind.

Im Körper?

Beim Lesen der nachstehenden Bibelstelle achte auf die beiden Akteure – den Pharisäer Saulus und »ein anderes Gesetz«. Hier bedeutet der Ausdruck *ein anderes Gesetz* ein anderes Prinzip, eine andere Kraft. Achte einmal darauf, wo dieser bösartige Akteur sich befindet:

*Ich finde also das Gesetz vor, wonach mir, der ich das Gute tun will, das Böse **anhängt**. Denn ich habe Lust an dem Gesetz Gottes nach dem inneren Menschen; ich sehe aber ein an-*

---

11 siehe Streiflicht 8 auf S. 282.

*deres Gesetz **in meinen Gliedern,** das gegen das Gesetz mei-*
ner Gesinnung streitet und mich gefangen nimmt unter das
*Gesetz der Sünde, das **in meinen Gliedern** ist. (Röm 7,21-23)*

In unserem eigenen Körper findet ein Kampf statt. Um diesen
Kampf zu gewinnen, muss man wissen, wer gegen wen kämpft
und mit welchen Strategien. Stell dir das Durcheinander vor,
wenn du mitten im Kampf versehentlich anfangen würdest, gegen dein eigenes Heer zu kämpfen!

Von Saulus zu Paulus

Saulus von Tarsus hasste es, von der rebellischen Macht namens
Sünde überrumpelt zu werden. Er schrie förmlich danach, von
ihr frei zu werden. Und er fand diese Freiheit schließlich, indem
er sich einer radikalen Operation unterzog:

Ich elender Mensch! Wer wird mich erlösen von diesem
Todesleib? Ich danke Gott durch Jesus Christus, unseren
*Herrn! So diene **ich selbst nun mit der Gesinnung** dem*
Gesetz Gottes, mit dem Fleisch aber dem Gesetz der Sünde.
(Röm 7,24-25)

Der Pharisäer war frustriert von seiner geistlichen Erfahrung.
Vom Kopf her verstand er, was das Gesetz forderte, aber er hatte
nicht die Kraft, es auszuführen. Die Macht der Sünde übermann-
te ihn jedes Mal auf Neue. Doch durch das geistliche Mit-Ge-
kreuzigt-Sein mit Christus wurde Saulus zu Paulus. Unter dem
Neuen fand Paulus den Sieg über die Macht der Sünde, die ihn so
lange niedergedrückt hatte.

Als Christen haben wir alle die gleiche Operation hinter uns. Jetzt spielen wir in Gottes Mannschaft und wir wollen dasselbe wie er. Wir kämpfen *nicht* gegen uns selbst. Wir kämpfen gegen eine parasitäre Macht in uns. Diese Macht mag manchmal den Anschein erwecken, als sei sie wir. Sie mag in unserem Gedankenleben klingen wie wir. Sie mag sich sogar in unseren Emotionen anfühlen wie wir. Dennoch hat Gott die Lüge des Betrügers bloßgestellt. Es sind definitiv *nicht* wir.

> Wir kämpfen *nicht* gegen uns selbst.

Wir sind eine neue Schöpfung, in deren Herz und Gedanken Gottes Wünsche eingeprägt sind. Wie wohltuend ist diese Wahrheit! Eine Wahrheit, die uns frei macht!

Worum geht es wirklich?

Es ist befreiend zu merken, dass nicht wir selbst der Ursprung der Versuchung sind, sondern die Macht der Sünde.[12] Doch hilft dieses Wissen allein wirklich, eine nennenswerte Verbesserung in unseren Reaktionen auf die Versuchung hervorzubringen? Nun, es richtet sicher keinen Schaden an! Aber es gibt noch ein paar Puzzleteile mehr, die eingesetzt werden müssen. Es reicht nicht aus, nur die Quelle der Versuchung zu kennen. Es ist auch wichtig zu wissen, dass wir die *Kraft* haben, dieser Quelle *zu widerstehen*.

Ungläubige sind geistlich an die Macht der Sünde angeschirrt. Wie ein Pferd an den Zügeln geführt wird, werden Ungläubige kontrolliert von den Zügeln der Sünde. Wenn ein Mensch zu

---

12 siehe Streiflicht 9 auf S. 283.

Christus kommt, stirbt sein alter Mensch, der von der Sünde kontrolliert worden war, durch Jesu Erlösungswerk am Kreuz. Durch die Auferstehung in Christus wird ein neuer Mensch auferweckt. Wenn wir in Christus sind, müssen wir uns der Sünde nicht länger unterwerfen. Wir sind frei, uns für das Leben zu entscheiden und nicht mehr für Sünde und Tod:

Wir wissen ja dieses, dass unser alter Mensch mitgekreuzigt worden ist, damit der Leib der Sünde außer Wirksamkeit gesetzt sei, sodass wir der Sünde nicht mehr dienen; denn wer gestorben ist, der ist von der Sünde freigesprochen.
(Röm 6,6-7)

Paulus mahnt uns im Weiteren, dass wir uns für die Sünde für tot halten, aber für Gott leben sollen (Röm 6,11). Man könnte auch sagen, dass wir uns zu den Toten rechnen oder zählen. Gleichgültig ob man *rechnen, zählen* oder *dafür halten* bevorzugt, es macht kaum einen Unterschied, solange wir uns bewusst sind, dass es nicht unser Dafürhalten ist, was die Sache zu einer Realität werden lässt. Wir sind nicht aufgefordert, »etwas zur Realität werden zu lassen«, sondern uns darauf zu verlassen, dass unser Tod gegenüber der Sünde bereits real ist.

Manche legen den Christen die Last auf, sie müssten nur fest genug glauben, damit ihr Tod gegenüber der Sünde zur Realität wird. Das ist aber nicht die Bedeutung von *rechnen, zählen, dafür halten*. Diese Worte bedeuten, dass wir uns »auf die Tatsache verlassen«, dass wir der Sünde tot sind, weil Gott bereits gesagt hat, dass dem so sei (und es ist auch tatsächlich so!): »Auch ihr sollt von dieser Tatsache ausgehen, dass ihr für die Sünde tot seid, aber in Jesus Christus für Gott lebt« (Röm 6,11 NEÜ).

Hier werden wir dazu aufgefordert, in der Realität zu leben. Wenn wir unter der Annahme leben, Sünde sei für uns das Natürlichste auf der Welt, dann täuschen wir uns. Wir sind jetzt anders als vorher. Jetzt leben wir für Gott und wir müssen uns mit einer ganz wesentlichen Wahrheit auseinandersetzen: *Es ist für uns viel normaler, viel passender und sieht uns viel ähnlicher, die Frucht des Geistes hervorzubringen als die Sünde!*

Von Minus zu Plus

Immer wenn ich Römer 6 lese, muss ich an eine Skala von minus zehn bis plus zehn denken. Minus zehn würde darauf für »der Sünde leben« stehen und plus zehn dafür, »für Gott zu leben«. Es reicht nicht, dass wir der Sünde gestorben sind. Das würde lediglich bedeuten, dass wir auf der Skala bei null angekommen wären. Stattdessen hat Gott uns von minus zehn (der Sünde lebend) nach plus zehn gebracht (dass wir für ihn leben). Er hat uns nicht nur der Sünde sterben lassen, sondern er hat uns für seine Zwecke lebendig gemacht. Genauso tilgte er nicht nur unsere Ungerechtigkeit, sondern machte uns auch gerecht.

> Jetzt bist du zu 100 Prozent mit Gott im Reinen.

Gott teilt dir mit, dass du jetzt zu 100 Prozent mit ihm im Reinen bist. Gott macht sich nicht geistlich eins mit neutralen Menschen. Er hat sich ausschließlich für vollkommene und gerechte Heilige reserviert.

Und die überraschende Botschaft ist, dass er uns genau dazu gemacht hat!

Meine Absicht ist es, die Teile zusammenzusetzen, um zu erklären, warum eine völlig gerechte neue Schöpfung immer noch mit der Sünde kämpft, und um zu zeigen, dass der Mensch, der wir in Adam waren, tatsächlich ausgelöscht wurde. Ich glaube nicht, dass wir das in den vergeistlichten, symbolischen Bereich oder in die Kategorie »trifft erst auf den Himmel zu« verlegen sollten. Wenn wir das tun, führt das zu Ausflüchten, die im Widerspruch stehen zu den biblischen Aussagen über den »alten Menschen«. Und meiner Meinung nach liefern wir damit den Gläubigen keine wirklichen Antworten für das tägliche Leben.

Die Lösung ist, dass wir denselben Autor zurate ziehen, der von der Kreuzigung des alten Menschen sprach. Wir wollen sehen, ob er eine Erklärung für unseren fortwährenden Kampf hat. Paulus weist im Endeffekt unseren aktuellen Kampf der ständigen Anwesenheit von zwei Kräften zu – dem Fleisch und der Macht der Sünde. Der alte Mensch taucht hier nicht auf.

Gott ruft uns auf, seine Erklärung des fortwährenden Kampfes als Wahrheit zu betrachten. Warum? Wenn wir es nicht tun, leben wir in der falschen Annahme, wir würden uns in nichts von der Welt um uns herum unterscheiden.

Und das ist ein erbärmliches, unausgereiftes Evangelium.

Lehn dich weit aus dem Fenster!

Viele von uns haben ihren Glauben bereits enorm strapaziert. Wir glauben, dass Gott durch sein Wort die Welt ins Dasein gerufen hat. Wir glauben, dass eine Flut die Erde überschwemmte und dass ein Mensch drei Tage in einem großen Fisch überlebt hat. Und zum krönenden Abschluss glauben wir auch noch, dass

Jesus von den Toten auferstand und dann vor den Augen der Anwesenden in den Himmel aufgefahren ist.

Welch verrückte Ereignisse sind wir bereit, als Wahrheit zu schlucken! Ist denn der Tod unseres alten Menschen schwerer zu glauben? Ich denke, zusammen mit einer Erklärung, warum wir immer noch sündigen, ist das doch viel leichter zu glauben. Warum *deuten* wir dann unser Gedankenleben nicht *neu* im Licht dieser Offenbarung über das Fleisch und die Macht der Sünde?

> Unser *menschlicher* Geist wurde ausgewechselt.

Das Wunder der geistlichen Erneuerung ist ein Gedanke, der schon seit Jahrtausenden existiert. Selbst die Propheten des Alten Testaments sprachen von den Wundern, die eines Tages in den Kindern Gottes unter dem Neuen stattfinden würden:

*Und ich will euch **ein neues Herz** geben und **einen neuen Geist** in euer Inneres legen; ich will das steinerne Herz aus eurem Fleisch wegnehmen und euch ein fleischernes Herz geben; ja, ich will **meinen Geist** in euer Inneres legen und werde bewirken, dass ihr in meinen Satzungen wandelt und meine Rechtsbestimmungen befolgt und tut. (Hes 36,26-27)*

Gott gibt uns ein neues Herz. Das bedeutet, dass jetzt der Kern unseres Verlangens verändert ist. Wir erhalten einen neuen Geist. Unser *menschlicher* Geist wird ausgewechselt. Und schließlich erhalten wir auch noch Gottes Geist in uns. – Viele Christen sind sich der Tatsache bewusst, dass der Heilige Geist in ihnen ist. Doch außerdem ist unser menschlicher Geist gestorben und wurde neu geschaffen, um wie Christus zu sein. Das müssen wir unterscheiden.

Die Bibel spricht deutlich über unsere Einheit mit Christus. Wir sollen nicht nur die Gegenwart Christi in uns verstehen, sondern auch *wer wir sind* in ihm. Ich hoffe, dass dieser kurze Blick auf unsere wirkliche Identität dein Verlangen geweckt hat, weiter zu erforschen, wer du bist, welche Art von Herz du hast und was es bedeutet, ein Geist mit Gott zu sein (1Kor 6,17).

Wir sind dazu aufgefordert, eine radikale Wahrheit zu feiern – eine Wahrheit, die viele Jahrhunderte lang missverstanden wurde, weil wir nicht in der Lage waren zu erklären, warum wir weiter sündigen, oder weil wir Angst hatten, andere könnten denken, wir würden uns für sündlos halten. Wenn wir Gottes Erklärung, warum wir auch weiter sündigen, erst einmal akzeptiert haben, können wir unseren geistlichen Tod und unsere Auferstehung mit ganz neuen Augen sehen, als eine Tatsache, die unsere Einstellung zum Leben für immer verändern wird: »Darum: Ist jemand in Christus, so ist er eine neue Schöpfung; das Alte ist vergangen; siehe, es ist alles neu geworden!« (2Kor 5,17).

Teil 5

Jesus betrügen

Lasst uns daran denken, dass [Gott] heilig
ist und dass er gerecht ist und dass ein
heiliger und gerechter Gott das Recht
hat zu sagen, dass das Blut in seinen
Augen angenehm ist und ihn völlig
zufriedengestellt hat.
Watchman Nee (1903-1972)

19

Stellen wir uns einmal folgende Szene vor: Ein israelitisches Lager in der Wüste vor ein paar Tausend Jahren. Da ist das Zelt der Begegnung auf einem Hügel in der Mitte des Lagers. Der Hohepriester kommt den Hügel heruntergerannt und ruft, er habe das vollkommene, makellose Lamm gefunden, das für alle Menschen geopfert werden soll, um ihre Sünden für den Rest ihres Lebens aus der Welt zu schaffen.

Was muss das für eine Begeisterung gewesen sein! Nach diesem einen letzten Opfer kommen alle Männer aus Israel zusammen, um mit dem Abriss des Zeltes der Begegnung zu beginnen. Denn jetzt wird alles anders. Sie müssen sich nicht mehr darum kümmern, Opfer zu bringen, um ihr Sündenregister zu löschen. Stattdessen können sie ohne Schuld leben, weil ein vollkommenes Lamm ihre Sünden ein für alle Mal aus der Welt geschafft hat.

Das hat sich natürlich so nie zugetragen. Wir sehen stattdessen, wie die Israeliten in ihrer Geschichte immer wieder aufs Neue Tieropfer darbringen mussten, weil kein einziges Opfer ausreichend war, um sie völlig rein zu machen. Im Hebräerbrief wird das deutlich beschrieben:

*Denn weil das Gesetz nur einen Schatten der zukünftigen
[Heils-]Güter hat, nicht die Gestalt der Dinge selbst, so kann
es auch mit den gleichen alljährlichen Opfern, die man immer wieder darbringt, die Hinzutretenden niemals zur Voll-
endung bringen. Hätte man sonst nicht aufgehört, Opfer
darzubringen, wenn die, welche den Gottesdienst verrichten, **einmal gereinigt**, kein Bewusstsein von Sünden mehr
gehabt hätten? (Hebr 10,1-2)*

Obwohl wir nirgends lesen, dass ein Priester des Alten Testaments
je das vollkommene Lamm gefunden hat, wurde das doch tatsächlich behauptet. Wann? Kurz vor dem
Opfer, das das Neue einläuten sollte.
Als Johannes der Täufer Jesus sah,
erklärte er: »Siehe, das Lamm Gottes, das die Sünde der Welt hinwegnimmt!« (Joh 1,29).

> Wir brauchen keine Methode und kein Verfahren mehr, um unsere Vergebung zu behalten.

Heute haben wir in der Person Jesu
Christi ein vollkommenes Lamm.
Sein Opfer machte die Tempelrituale
überflüssig. Das Heiligtum, der Tempel und die täglichen Opfer haben ausgedient.

Weil das Opfer Jesu Christi uns *ein für alle Mal* gereinigt hat
und das nicht immer wieder aufs Neue tun muss, brauchen wir
keine Methode und kein Verfahren mehr, um unsere Vergebung
zu behalten. Wir sind eingeladen, uns vorbehaltlos auf das einmalige Opfer als Mittel für eine lebenslange Vergebung zu verlassen: »Denn auch Christus hat *einmal* für Sünden gelitten, der
Gerechte für die Ungerechten, damit er uns zu Gott führte; und
er wurde getötet nach dem Fleisch, aber lebendig gemacht durch
den Geist« (1Petr 3,18).

Interview mit einem Juden

Das Thema Vergebung wird für uns sonnenklar, wenn wir Gottes Wirtschaftssystem verstehen, das sich seit Anfang der Welt nicht geändert hat. Zur Veranschaulichung wollen wir einmal als Journalist eine Zeitreise in die Vergangenheit unternehmen und einen Juden interviewen, der gerade das Heiligtum verlässt.

»Entschuldigen Sie, Herr Jude, Sie scheinen sehr erleichtert zu sein, verglichen damit, wie Sie aussahen, als Sie das Heiligtum vor einer Weile betreten haben. Was ist Ihr Geheimnis? Warum fühlen Sie sich jetzt so viel besser, was die Sünden des vergangenen Jahres anbelangt? Haben Sie Jahwe versprochen, es im kommenden Jahr besser zu machen – sozusagen ein neues Kapitel aufzuschlagen?«

Der Jude antwortet: »Nein, nichts dergleichen.«

Leicht verwirrt dringen wir weiter in ihn, um die Wahrheit zu erfahren. »Nun, haben Sie jede Ihrer Sünden sorgfältig aufgezählt und Jahwe gebeten, sie zu bedecken?«

»Natürlich nicht!«, ruft der Jude aus.

»Nun denn, was *genau* verschafft Ihnen die Erleichterung von all der Schuld, die Sie in den vergangenen zwölf Monaten begangen haben?«

An diesem Punkt würde jeder gebildete Jude dieselbe Antwort geben: »Warum ich mich besser fühle? Natürlich wegen des Blutes der Rinder und Böcke, das meine früheren Sünden bedeckt! Jahwe hat schon immer *Blut*opfer gefordert für Sünden, und wegen des Opfertieres, das ich gekauft habe, sind meine Sünden jetzt bedeckt!!«

So funktioniert Gottes Wirtschaftssystem. Schon immer war es so, dass nur eines Vergebung der Sünden schaffen konnte, nämlich Blut – nichts anderes: »... ohne Blutvergießen geschieht keine Vergebung« (Hebr 9,22).

Einzig und allein das Blut

Wenn wir Gottes »Nur-durch-Blut«-Wirtschaft akzeptieren, revolutioniert das unsere Sicht darüber, wie wir vor ihm dastehen. Denn egal, wie viel wir mit Gott über unsere Sünden sprechen, wir bekommen dadurch nicht *mehr* Vergebung. Egal, wie oft wir ihn bitten, uns zu vergeben, das wird keine Reinigung in unserem Leben bewirken. Das Blutsopfer ist die einzige Handlung, die zu Vergebung und Reinigung führt. Das galt im Alten Testament und es gilt ohne Ausnahme auch heute.

> Egal, wie viel wir mit Gott über unsere Sünden sprechen, wir bekommen dadurch nicht mehr Vergebung.

Weil aber keine Blutsopfer für die Sünde mehr gebracht werden, müssen wir aus dem einmaligen Opfer Jesu Christi eine Schlussfolgerung ziehen: Entweder es reicht aus, um für ein ganzes Leben Vergebung und Reinigung zu bewirken, oder aber es reicht nicht aus. Wenn es reicht, dann ist Gott zufriedengestellt, was unsere Sünden betrifft, und zwar jetzt und auch in Ewigkeit. Wenn nicht, dann gibt es für uns aus biblischer Sicht keine Möglichkeit, dem Zorn Gottes zu entrinnen.

Leider sehe ich, wie gerade an diesem Punkt viele von uns erfinderisch werden und zum Beispiel Begriffe verwenden wie *positionelle Wahrheit* oder *himmlische Buchführung*. Wir sagen, »in Gottes Augen« sei uns vergeben und wir seien gereinigt. Aber dann behaupten wir, der Tod Christi ließe sich *nicht* in eine Vergebung im Hier und Jetzt übertragen, die ein für alle Mal ausreicht. Vielleicht kommt uns das schlichtweg zu einfach vor: »Du meinst, ich muss gar nichts tun? Das kann doch nicht sein.« Unser Stolz erlaubt uns nicht, uns über eine *solche* Art von Gnade zu freuen.

Manche ermahnen die Gläubigen, etwas zu tun, zum Beispiel um Vergebung zu bitten, um Gott dazu zu bewegen, dass er uns *tatsächlich* vergibt und reinigt. Das ist für uns sicher befriedigend; es geht doch nichts über ein tägliches Brüten über einer Liste von Sünden, um uns von den Schuldgefühlen zu erleichtern.

Andere behaupten, ein bestimmtes Verfahren sei notwendig, um sich die Vergebung »anzueignen« oder sie zu »aktivieren«. Sie sagen, wir müssten unser Sündenkonto klein halten und Gott immer wieder bitten, uns zu vergeben und uns zu reinigen, nur so würde seine Vergebung und Reinigung »für uns zur Realität«. Aber hat Gott nicht verkündet, dass nur eines – das Blut – Vergebung und Reinigung bringt?

Ohne dass wir uns dessen wirklich bewusst sind, glauben wir letzten Endes, das Blut Christi habe nur für den Himmel echte Auswirkungen. Wenn wir hier auf der Erde vor Gott in unserem gereinigten Zustand bleiben wollen, dann, so meinen wir, müssten *wir* etwas tun, nämlich uns erinnern, bekennen, bitten und in Anspruch nehmen. Letztlich ist es dann *unsere* Verantwortung, dass das Kreuz in der Gegenwart uns echten Nutzen bringt.

Wenn wir dieses schließlich doch ganz nett klingende Glaubenssystem übernehmen, erkennen wir nicht, dass das Kreuz ein historisches Ereignis ist. Seine Auswirkungen sind bereits vollbracht, egal, was wir glauben oder behaupten.

Doch nicht wir sind es, die die Vergebung in die Wege leiten, denn wir können es nicht. Nur Blut bringt Vergebung. Unser Erinnern, Bekennen, um Vergebung bitten und die Vergebung in Anspruch nehmen – ganz gleich, mit welchen Absichten – verursacht kein weiteres Blutvergießen.

Ich werde gleich noch näher auf den biblischen Gedanken des »Bekennens« eingehen, doch realistisch gesehen haben wir nur zwei Optionen: (1) Wir können die vollständige, bedingungslose Vergebung annehmen, die Gott uns durch den Tod seines Sohnes erkauft hat, oder (2) wir schaffen uns ein eigenes System, damit wir uns mit unseren Sünden besser fühlen.

> **Nur Blut bringt Vergebung.**

Die Juden fühlten sich tatsächlich besser (ja, das taten sie wirklich!), weil das Blut von Rindern und Böcken an ihrer Stelle vergossen wurde. Für sie war keine weitere »Aktivierung« dieser Vergebung notwendig. Das Werk des Hohenpriesters, der das Tier schlachtete, reichte aus, um das ganze Volk Israel zum Jubeln zu bringen, weil sie wirklich von ihrer Schuld befreit wurden. Der einzige Unterschied zwischen damals und heute ist, dass die Opfer im alten Bund immer wieder dargebracht werden mussten, während das Opfer Jesu ein für alle Mal ausreicht.

Was sagen wir also über das Opfer Jesu, wenn wir darauf beharren, es müsse etwas Weiteres getan werden, um es zu »aktivieren«? Wir beleidigen damit das vollbrachte Erlösungswerk von Golgatha. Wir schätzen das Opfer des Sohnes Gottes sogar geringer als das Volk des alten Bundes seine Tieropfer.

20

Stell dir einmal vor, du wärst beim ersten Geburtstag meines Sohnes Gavin dabei. Freunde und Verwandte versammeln sich in unserem Garten, auf dem Terrassentisch liegen jede Menge Geburtstagsgeschenke und in der Mitte steht ein großer Schokoladenkuchen.

Ich will die Feier mit einer Rede beginnen. Ich setze Gavin auf meine Schultern und beginne zu erzählen, wie viel Freude er mir und seiner Mutter macht. Ich erzähle niedliche und lustige Geschichten, was er alles so getan hat, wie schnell er wächst und dass wir uns darauf freuen, noch viel Schönes mit ihm zu erleben.

Während ich von Gavin erzähle, ruft ein Freund hinten in der Menge: »Ich habe ein Alkoholproblem!« Kurz darauf äußert jemand anderes: »Ich habe einen kritischen Geist.« Und noch ein anderer bekennt: »Ich kämpfe mit Begierde.«

Bald ergibt eins das andere und der ganze Schwerpunkt der Feier verlagert sich. Keiner interessiert sich mehr für Gavin und für das, was ich über ihn zu sagen habe. Stattdessen scheint sich jeder nur noch mit seinen eigenen Problemen zu befassen.

Wie lächerlich! Wie unpassend! Natürlich hat sich das so nie ereignet. Aber ich will damit etwas deutlich machen. Gott hat seinen Sohn erhöht und ihn zu seiner Rechten gesetzt. Gott hat erklärt, dass die Werke seines Sohnes herrlich sind und dass wir sie bestaunen sollen. Der Hauptzweck unseres Lebens ist, uns auf den Sohn zu konzentrieren. Wenn wir das tun, haben wir das Wohlgefallen des Vaters.

So wie ich hoffte, dass alle mit uns Gavins Geburtstag feiern würden, will Gott der Vater, dass wir nur auf seinen eingeborenen Sohn fixiert sind: Wir sollen von seinem Fleisch essen, von seinem Blut trinken und uns sein vollbrachtes Werk am Kreuz schmecken lassen.

Leider sind wir Christen oft so mit uns selbst beschäftigt, dass man uns fast nicht dazu bewegen kann, über etwas anderes als über unsere Sünden zu reden. Es ist, als ob unsere Bedeutsamkeit davon abhängt, dass wir mit Problemen zu kämpfen haben. Dank dieser Probleme können wir an uns selbst denken, von uns selbst sprechen, uns nur noch um uns selbst drehen – und das alles mit einem geistlichen Etikett.

Wir können uns so auf unsere Kämpfe konzentrieren, dass wir uns gar nicht vorstellen können, Gott könnte wollen, dass wir auch noch anderswo hinsähen. Wir sind davon überzeugt, unsere Sünden seien eben anders – als hätte Gott sie eben nicht vergessen und uns nicht gebeten, weiterzugehen. Wir suhlen uns in unserem Versagen und verpassen darüber die Feier. Wir verpassen den Anlass für die Party.

Würde es am Geburtstag von Gavin tatsächlich zu einer so absurden Situation kommen, so würde meine einzige Antwort lauten: »Willkommen im Klub! Wir sind alle am Kämpfen. Aber wir sind nicht hier, um uns um unsere Probleme zu drehen. Heute geht es um meinen Sohn.« Genauso sind wir eingeladen, unsere Augen auf Jesus zu richten, weil er es wert ist, gefeiert zu werden.

Bist du auf deine Sünden fixiert, obwohl Gott sagt, dass er sich nicht mehr an sie erinnert? Stimmst du mir zu, dass der Schwerpunkt nicht mehr länger auf deinem Versagen liegt? Willst du jetzt dem Vater gefallen, indem du dich nur noch auf den Sohn fixierst?

Der Sohn Gottes hat sein Werk vollbracht. Er ist auferstanden und sitzt jetzt an himmlischen Orten. Da gibt es nur eine angemessene Reaktion: Alle Augen auf ihn!

Keine Wiederholung notwendig

Heute machen wir keine große Sache daraus, dass Christus *nur einmal* gestorben ist. Das scheint uns eher nebensächlich zu sein. Aber für die jüdische Denkweise war das extrem wichtig. Der Hebräerbrief bemüht sich sehr, hervorzuheben, dass Christus nur einmal starb und dass er im Himmel nicht immer wieder aufs Neue stirbt. Wir sagen vielleicht:»Natürlich stirbt er da oben nicht die ganze Zeit!« Warum sollten wir es also erwähnen? Warum so eine große Sache daraus machen? Nun, wir wollen uns einmal ansehen, was der Schreiber des Hebräerbriefes dazu meint:

*Er ging auch nicht in den Himmel, um sich **immer wieder** selbst zu opfern, wie die irdischen Priester, die Jahr für Jahr das Heiligtum betreten, um das Blut von Tieren zu opfern. Wenn das nötig gewesen wäre, hätte er seit Erschaffung der Welt immer wieder sterben müssen. Er kam **ein für alle Mal** am Ende der Zeiten, um die Macht der Sünde durch seinen Opfertod für uns zu brechen. (Hebr 9,25-26 NLB)*

*Er braucht nicht **täglich** Opfer zu bringen, wie es die anderen Hohenpriester zunächst für ihre eigenen Sünden und*

dann für die Sünden des Volkes tun mussten, sondern er
*tat dies **ein für alle Mal**, als er sich selbst am Kreuz opferte.*
(Hebr 7,27 NLB)

Warum sollten wir hervorheben, wie oft Jesus gestorben ist? Für einen frommen Juden wäre das sofort klar. Die gedankliche Schlussfolgerung wäre folgende:

- Nur Blut bringt Vergebung.
- Das Blut Jesu wird nie wieder vergossen werden.
- Darum ist Gott zufriedengestellt.
- Und ich genieße lebenslange und ewige Reinigung.

Wir müssen begreifen, wie zentral das Kreuz für die Juden war. Die Auswirkung auf ihr Leben war dramatisch. Das Opfer Jesu am Kreuz anzunehmen bedeutete, dass all ihre auf das Gesetz konzentrierten Versuche, Gott zur Vergebung zu motivieren, abrupt zum Stehen kamen. Die Tempelopfer wurden überflüssig.

> Wir wenden viel subtilere Mittel an, um Gott zu beleidigen.

Der Schreiber des Hebräerbriefs bedrängt seine jüdischen Glaubensbrüder, die toten Werke des Tempels aufzugeben. Er fleht sie an, sich mit Jesus *allein* zufriedenzugeben. Wie beleidigend wäre es für Gott, wenn jeder jüdische Gläubige sich wieder den Tempelopfern zuwenden würde! Sie würden Jesus Christus öffentlich blamieren, weil sie, nachdem sie das Kreuz kennengelernt haben, noch eine andere Möglichkeit der Vergebung suchen würden. Ihre Einstellung wäre ungefähr so: »Ich glaube, dass Jesus für meine Sünden gestorben ist, aber für alle Fälle beteilige ich mich einfach weiter an den Tieropfern.« Und es gab sogar einige, die diesen Wankelmut in der frühen Gemeinde tatsächlich *unterstützten*!

Wie ist es mit uns heute? Wie drückt sich unser Zweifel an der Einmaligkeit des Opfers aus? Wir brauchen dafür keine Tempelrituale und bringen auch keine Tieropfer in unseren Gärten dar. Wir wenden subtilere Mittel an, um Gott zu beleidigen. Anstatt ihn öffentlich zu blamieren, wählen wir den *diskreteren* Weg über unsere Denkweisen und Glaubenssysteme.

Müsste der Schreiber des Hebräerbriefes sich heute an uns richten, dann würde er den Wankelmut in den theologischen Verrenkungen ansprechen, die wir ausführen, um uns vor Gott rein zu fühlen. Er würde uns vorhalten, dass wir unbiblische Begriffe erfinden und behaupten, aus Gottes Blickwinkel hätten wir zwar Vergebung erfahren, aber ohne Anwendung einer »Methode« würde das für uns nicht zur *Realität*. Er würde uns vorwerfen, dass wir genau dasselbe tun wie die Empfänger seines Briefes – nämlich den Geist der Gnade beleidigen.

Mehr als Sühne

Es ist durchaus angebracht, das Alte mit dem Neuen zu vergleichen. In beiden Systemen konnte nur das Blut Vergebung bewirken. Aber es gibt einen entscheidenden Unterschied zwischen den Blutsopfern des alten Bundes und dem einen Opfer, das den neuen Bund einsetzte. Dabei kommen wir zurück auf die Worte von Johannes dem Täufer, der das Opfer Jesu ankündigte: »Siehe das Lamm Gottes, das die Sünde der Welt hinwegnimmt!« (Joh 1,29).

Während die alten Opfer Sühne (Bedeckung) der Sünden brachten, vollbrachte das Blut Jesu etwas viel Gewaltigeres. Das

Blut Jesu *nahm* unsere Sünde *hinweg*! Das Blut von Tieren konnte das nicht erreichen. Kein Tieropfer wäre je dazu in der Lage gewesen. Der Hebräerbrief macht uns auf diese Wahrheit aufmerksam, um uns deutlich zu machen, wie wichtig das Kreuz ist. Das Kreuz schaffte unsere Sünden vollständig und für immer aus der Welt. Das steht außer Frage.

> Das Kreuz schaffte unsere Sünden vollständig und für immer aus der Welt. Das steht außer Frage.

Obwohl die Opfer des Alten Testaments den Israeliten von Gott aufgetragen waren, verblassten sie vor dem Erlösungswerk Jesu am Kreuz. Die Gläubigen des alten Bundes, die Blutsopfer darbrachten, sehnten sich nach dem Kommen des Lammes: »Statt dessen geschieht durch diese [Opfer] alle Jahre eine Erinnerung an die Sünden. Denn unmöglich kann das Blut von Stieren und Böcken Sünden hinwegnehmen!« (Hebr 10,3-4).

In gewissem Sinne war ihnen klar, dass die Opfer unter dem Alten nur ein Schatten der zukünftigen Dinge waren. Sicher profitierten sie davon, dass ihre Sünden zeitweise bedeckt waren. Aber erst durch das Blut Jesu sollte ihr Sündenproblem tatsächlich gelöst werden. Darum war Johannes der Täufer so begeistert, als er das Erscheinen des Einen verkündete, der die Sünde der Welt *hinwegnehmen* (und nicht nur bedecken) sollte.

Vergebung erlangt, aber dennoch ängstlich

Jesus Christus tilgte die verdiente Strafe für unsere Sünden so gründlich, dass Gott nie wieder darauf zurückkommen wird. Wir stimmen dem mit einem Kopfnicken zu, dass Jesus für unsere

Sünden gestorben ist und sie weggenommen hat, aber kurz darauf gehen wir wieder der Vorstellung auf den Leim, wir würden wegen unserer Sünden gerichtet, wenn Jesus wiederkommt. Aber wie kann das sein, wenn er sie doch weggenommen hat? Wie können wir für Sünden bestraft werden, an die er sich nicht mehr erinnert? Außerdem ist die einzig angemessene Strafe für Sünde der Tod, und genau den hat Jesus an unserer Stelle erlitten.

> Wir gehen der Vorstellung auf den Leim, wir würden wegen unserer Sünden gerichtet.

Lesen wir die Worte dieser beiden jüdischen Schreiber einmal genau, wie sie ihre Begeisterung über das vollkommene Lamm und die *Auswirkungen* seines Opfers zum Ausdruck bringen:

... so wird der Christus, nachdem er sich einmal zum Opfer dargebracht hat, um die Sünden vieler auf sich zu nehmen, zum zweitenmal denen erscheinen, die auf ihn warten, **nicht wegen der Sünde,** *sondern zum Heil. (Hebr 9,28)*

Er ist derjenige, der **Gottes Zorn abwendet** *und unsere Sünden wegnimmt, und nicht nur unsere, sondern auch die Sünden der ganzen Welt. (1Joh 2,2, übertragen aus der engl. NIV)*

Wenn wir die Botschaft des Evangeliums nicht begreifen, hat es keine Kraft, die natürlichen Denkweisen zu verändern, die uns im Griff haben. Teilweise Vergebung schafft teilweise Erleichterung von Schuld, bringt jedoch eine ungesunde Angst vor dem Gericht mit sich. Echte Vergebung bedeutet, dass das Thema Sünde *erledigt* ist. Echte Vergebung bedeutet, dass es keine gegenwärtige oder zukünftige Bestrafung für Sünden mehr gibt. Jesu Tod hat Gott für immer zufriedengestellt. Und nichts an uns wird ihn jemals wieder erzürnen: »Als nun Jesus den Essig genommen hatte, sprach er: Es ist vollbracht! Und er neigte das Haupt und übergab den Geist« (Joh 19,30).

21

In der Stiftshütte und später im Tempel waren Stühle verboten. Warum? Schlüpfen wir einmal kurz in die Rolle eines normalen Israeliten. Du betrittst am Versöhnungstag den Tempel und wirst von einem Priester begrüßt, der auf einem Fernsehsessel herumlümmelt. Was würden wir daraus schließen? Richtig: Der hat wohl nichts zu tun! Damit kein falscher Eindruck entstand, ließ Gott es also gar nicht so weit kommen. Er verbot den levitischen Priestern, sich bei der Arbeit zu setzen, damit sich ihnen das Bild von *unerledigter* Arbeit einprägte.

Der Hebräerbrief stellt dem fortwährenden Stehen und den andauernden religiösen Zeremonien der alten Priester unseren *sitzenden* Hohepriester gegenüber, der nie wieder ein Opfer für die Sünden darbringen wird:

*Und jeder Priester **steht da** und verrichtet täglich den Gottesdienst und bringt oftmals dieselben Opfer dar, die doch niemals Sünden hinwegnehmen können; Er aber hat sich, nachdem er ein einziges Opfer für die Sünden dargebracht hat, das für immer gilt, zur Rechten Gottes **gesetzt**.*
(Hebr 10,11-12)

*... er hat sich, nachdem er die Reinigung von unseren Sünden durch sich selbst vollbracht hat, zur Rechten der Majestät in der Höhe **gesetzt**. (Hebr 1,3)*

Wenn wir diese Wahrheit begreifen, kann es unser Verständnis davon, wie rein wir vor Gott sind, völlig umkrempeln. Wir sind dazu aufgefordert, unseren Hohenpriester zur Rechten seines Vaters sitzen zu sehen, wo er wegen unserer Sünden nichts mehr zu tun hat. Die Arbeit ist getan, und die Vergebung gilt für alle Zeiten.

Die Vergebung gilt jetzt für alle Zeiten.

Das Kreuz tilgte unsere Sünden aus Vergangenheit, Gegenwart und Zukunft auf einen Schlag. Gott unterscheidet sie nicht nach dem Zeitpunkt ihres Auftretens. Als Jesus starb, waren alle unsere Sünden noch in der Zukunft. Aber er überblickte den gesamten Ablauf der menschlichen Geschichte und nahm alle Sünden weg. Es spielt keine Rolle, ob die Sünden zweitausend Jahre vor oder nach dem Kreuz begangen wurden. Als Jesus alle Nachweise unserer Sünden ausgelöscht hatte, setzte er sich. Und seither entspannt er sich zur Rechten Gottes.

Welche Haltung nimmst du gegenüber deinen Sünden ein? Stehst du da, rennst herum und versuchst, alles wiedergutzumachen? Versuchst du, Vergebung oder Reinigung zu bekommen? Oder lehnst du dich mit Jesus Christus entspannt zurück? Bist du dir im Klaren darüber, dass dein Retter alle deine Sünden ein für alle Mal weggenommen hat?

Die heutigen Christen sagen, sie wollen sein wie Jesus und denken wie er. Wie oft hören wir die beliebte Frage: »Was würde Jesus tun?«

Aber wenn wir so denken wollen wie Jesus, bedeutet das auch, dieselbe Einstellung zu unseren Sünden zu haben wie er. Er versichert uns, dass das Thema Sünde erledigt ist. Keine weitere Tat wird uns jemals *mehr* Vergebung bringen, als wir bereits erhalten haben: »Denn *mit einem einzigen Opfer hat [Jesus] die für immer vollendet,* welche geheiligt werden« (Hebr 10,14).

Bist du bereit, wie Jesus zu sein und deine Sünden zu vergessen? Bist du bereit, Gott darin zuzustimmen, dass dir vergeben wurde? Könntest du auch dem Schreiber des Hebräerbriefs beipflichten, dass du für immer vollendet worden bist? Alles, was hinter diesen Aussagen zurückbleibt, ist kein Glaube an das Evangelium. Gott möchte, dass wir wissen, dass *echte* Vergebung für uns erwirkt wurde. Sie gehört uns und wir sollen sie genießen. Es ist unsere tägliche Bestimmung als Christen, frei von Schuld zu sein.

> Da Jesus nicht jeden Tag aufs Neue stirbt, wird auch unsere Vergebung nicht jeden Tag aufs Neue zugeteilt.

Es ist alles Vergangenheit

Nichts ist überzeugender als die zahllosen Bibelstellen, die davon sprechen, dass unsere Vergebung eine abgeschlossene Handlung ist. Die meisten dieser Stellen verwenden im Blick auf Vergebung die Vergangenheitsform:

Er hat auch euch, die ihr tot wart in den Übertretungen ... mit ihm lebendig gemacht, indem er euch alle Übertretungen vergab; und er hat die gegen uns gerichte-

te Schuldschrift ausgelöscht, die durch Satzungen uns ent-
gegenstand, und hat sie aus dem Weg geschafft, indem er sie
ans Kreuz heftete. (Kol 2,13-14)

Seid aber gegeneinander freundlich und barmherzig und
vergebt einander, gleichwie auch Gott euch vergeben hat in
Christus. (Eph 4,32)

»Ich vergebe ihnen ihre Schuld und denke nicht mehr an
ihre Sünden.« Sind aber die Sünden vergeben, dann ist kein
Opfer mehr nötig. (Hebr 10,17-18 HFA)

Ob es nun heißt »vergeben hat« oder »vergeben sind«, das ist kaum
ein Unterschied. Die Aussage als solche ist klar: Jesus hat sein Blut
vergossen und das hat die Vergebung bewirkt. Da Jesus nicht jeden Tag aufs Neue stirbt, wird auch unsere Vergebung nicht jeden
Tag aufs Neue zugeteilt. Da er nie wieder sterben wird, braucht es
keine weitere Vergebung. Uns wurde bereits vergeben und darum
werden wir in diesem Zustand der Vergebung bleiben.

Ständige Heiratsanträge

Nehmen wir einmal an, du bist verheiratet. Nun beugst du dich
jede Nacht vor dem Einschlafen zu deiner Frau hinüber und bit-
test sie, dich zu heiraten. Du fühlst dich einfach besser, wenn du
sie immer wieder fragst. Es ist deine Art zu bestätigen, dass du
verheiratet bist. Du sagst also jeden Abend: »Schatz, willst du
mich heiraten?« Die Worte an sich sind dabei nebensächlich. Es
sind ja nur Worte. Du weißt ja, dass du verheiratet bist, aber du
findest es toll, sie immer wieder aufs Neue zu fragen.

Das wäre schon ein bisschen seltsam, oder? Deine Frau würde dir das sicher nicht durchgehen lassen. Nur Worte? Wohl kaum. Die ständige Wiederholung solch einer Frage könnte sogar verletzend sein.

Sollte ich das je bei meiner Frau versuchen, würde sie meinen Gedanken schon auf die Sprünge helfen: »Kannst du dich nicht mehr an die Trauung erinnern? An unser Versprechen? An die Trauzeugen? Wir haben schon vor Jahren geheiratet. Schau, hier ist unser Fotoalbum. Die Hochzeit ist vorbei. Wir leben als Verheiratete zusammen. Du musst mich nicht immer wieder fragen, ob ich dich heiraten will.«

Genauso ist es mit unserem Zustand der Vergebung. Und auch hier geht es nicht nur um Worte. Das ist wichtig. Hast du schon einmal darüber nachgedacht, wie oft die Briefe des Neuen Testaments uns dazu auffordern, Gott um Vergebung zu bitten? Genau *null* Mal. Du wirst nicht einen einzigen Brief finden, der uns auffordert, Gott um Vergebung zu bitten. Warum nicht? Weil die Schreiber ihre Worte *nach* Jesu Tod verfassten. Sie waren sich ihrer Vergebung als abgeschlossener Tatsache völlig bewusst.

So wie sich meine Frau genau an unsere Hochzeit erinnert, erinnerten sich die Schreiber an die »Zeremonie« des Kreuzes und Gottes »Versprechen«, nicht mehr an unsere Sünden zu denken. Einige waren sogar Augenzeugen des einmaligen Opfers. Es wäre für sie widersinnig gewesen, die Leser aufzufordern, Gott um Vergebung zu bitten.

Diese Autoren waren von Geburt Juden. Sie kannten Gottes Wirtschaftssystem nur zu gut – nur Blut bringt Vergebung. Die Bitte um Vergebung wäre für sie gleichbedeutend gewesen mit der Forderung, Jesus immer wieder kreuzigen zu lassen. Einmal für die Sünden von heute, einmal für die Sünden von morgen und so weiter.

Sie wussten es besser.

22

Aber was ist mit 1. Johannes 1,9 – »*Wenn wir aber unsere Sünden bekennen, so ist* [Gott] *treu und gerecht, dass er uns die Sünden vergibt und uns reinigt von aller Ungerechtigkeit*«?

Auf den ersten Blick scheint es, als würde dieser allseits bekannte Vers die Wasser der ein für alle Mal erfolgten Vergebung wieder trüben. In vielen Büchern und Artikeln zum Thema Vergebung dient er als Fundament, auf das der Autor sein Glaubenssystem baut.

> Entweder wurde uns bereits vergeben, oder unsere Vergebung ist an eine Bedingung geknüpft.

Theologen und christliche Autoren stimmen Johannes oft darin zu, dass »euch die Sünden vergeben sind um [Jesu] Namens willen« (1Joh 2,12). Aber später ertappt man sie dabei, dass sie eigentlich meinen, man müsse seine Sünden bekennen, *damit* Gott einem vergibt. Das Problem ist, dass nicht beides gleichzeitig wahr sein kann. Entweder wurde uns bereits vergeben, oder unsere Vergebung ist an eine Bedingung geknüpft.

Um dieses Dilemma aufzulösen, schlagen manche Folgendes vor: In Gottes himmlischen Büchern steht, dass uns Christen auf ewig vergeben wurde. Solange Christen jedoch ihr Sündenkonto bei Gott nicht klein halten, indem sie täglich ihre Sünden bekennen, können sie Gottes Reinigung während ihres Lebens auf der Erde nicht erleben. 1. Johannes 1,9 wird so zu einem »Stück Seife« für uns Christen, mit dem wir die tägliche Gemeinschaft mit Gott am Leben erhalten. Und dann verwenden sie Begriffe wie *gerichtlich, patriarchal* und *juristisch* und winden sich vor dem Gedanken, dass die Vergebung tatsächlich ein für allemal geschehen ist, und präsentieren die Vorstellung von einer zweistufigen Vergebung, bei der Gott zwar auf die Ewigkeit hin gesehen zufriedengestellt ist, wir aber jetzt irgendwie noch unsere tägliche Reinigung durch ein tägliches Bekenntnisritual aufrechterhalten müssen.

> In keinem anderen Vers der neutestamentlichen Briefe werden Vergebung und Reinigung an die Bedingung eines »Wenn« geknüpft.

Ich stolpere oft über diese Art von Gedankengang, bei dem dieser Vers aus 1. Johannes der einzige Beweis ist. Dabei wissen wir doch, dass wir prinzipiell keine Theologie auf nur einen einzigen Vers gründen sollen. Es ist wichtig sich bewusst zu machen, dass dieser Vers der einzige seiner Art ist. In keinem anderen Vers der neutestamentlichen Briefe werden Vergebung und Reinigung an die Bedingung eines »Wenn« geknüpft.

Falls es also eine Methode der täglichen Reinigung gegeben hätte, dann kannten die Römer sie offenbar nicht. Hätte es ein Rezept dafür gegeben, das Sündenkonto bei Gott klein zu halten, dann wussten die Galater wohl nichts davon. Wäre es notwendig gewesen, Gott um Vergebung zu bitten, waren die Epheser offenbar nicht eingeweiht. Auch den Korinthern, Philippern, Kolossern und Thessalonichern war diese Lehre sicherlich nicht bekannt.

Denn hätte es tatsächlich eine Methode gegeben, wie man seine gute Stellung (Gemeinschaft) vor Gott durch ständiges, tägliches Bekennen seiner Sünden oder Bitten um Vergebung beibehalten konnte, wäre sie nicht zumindest in einem einzigen Brief erwähnt worden? Hat Gott vielleicht etwas vergessen? Bestimmt nicht!

Deshalb wollen wir uns 1. Johannes 1,9 etwas genauer anschauen, um zu verstehen, an wen Johannes sich richtete und in welchem Zusammenhang er diesen sonderbaren Vers schrieb.

Gegen Irrlehren vorgehen

Schon am Anfang des 1. Kapitels des 1. Johannesbriefes sehen wir, wie Johannes sich gegen verbreitete Irrlehren in der frühen Gemeinde richtet. Er beginnt seinen Brief mit Worten wie *gehört, gesehen, angeschaut* und *betastet*, um seine Beziehung zu Jesus zu beschreiben und seine Leiblichkeit zu betonen.

Heute sehen wir es als selbstverständlich an, dass Jesus wirklich Mensch war. Natürlich war er das! Daran gibt es nichts zu rütteln. Aber vor zwei Jahrtausenden drangen frühe Formen gnostischen Denkens in die Kirche ein und verbreiteten die Vorstellung, Jesus sei nur Geist gewesen. Frühe Gnostiker behaupteten, Gott würde sich nie soweit herablassen, menschliche Gestalt anzunehmen. Darum verwendet der Apostel Johannes am Anfang seines Briefes mit Absicht diese Worte der körperlichen

Wahrnehmung. Später sagt er, jeder, der nicht glaube, dass Jesus im Fleisch gekommen ist, sei *nicht von Gott* (1Joh 4,3).

Wenn das der Fall ist, an wen richtete sich Johannes dann am Anfang seines ersten Kapitels? Echte Christen behaupten nicht, Jesus hätte keinen natürlichen Körper gehabt. Johannes korrigiert in seinen Eingangssätzen also *keine* Christen. Er richtet sich an Gnostiker, die sich in die frühe Gemeinde eingeschlichen hatten und falsche Lehren hereinbrachten. Nachdem er die Fleischwerdung Jesu nachgewiesen hat, schreibt er weiter: *»Wenn wir sagen, dass wir keine Sünde haben*, so verführen wir uns selbst, und die Wahrheit ist nicht in uns« (1Joh 1,8).

Warum befasst sich Johannes jetzt mit Menschen, die behaupten, sie seien sündlos? Kennst du heute irgendwelche Christen, die von sich sagen, sie hätten nie gesündigt? Natürlich nicht! Was musstest du tun, um Christ zu werden? Zugeben, dass du ein Sünder bist! Wenn jemand behauptet, er habe nie gesündigt, ist er *kein* Christ. Johannes befasst sich hier also mit *Ungläubigen*.

Interessanterweise leugneten die frühen gnostischen Philosophen nicht nur die Fleischwerdung Jesu, *sie leugneten auch die Realität der Sünde*. Sie behaupteten, Sünde sei nicht real oder spiele keine Rolle, da sie ja in der natürlichen Welt stattfinde. Johannes geht also am Beginn seines Briefes gegen zwei gnostische Irrlehren vor: (1) Jesus sei kein natürlicher Mensch gewesen und (2) Sünde sei nicht real.

Wir müssen unbedingt verstehen, was Johannes mit dem Anfang dieses Briefes bezweckte. Eine falsche Auslegung von Vers 9 führt viele Christen auf einen Holzweg. Noch einmal, Vers 9 erklärt: »Wenn wir aber unsere Sünden bekennen, so ist [Gott] treu und gerecht, dass er uns die Sünden vergibt und uns reinigt von aller Ungerechtigkeit.«

Einige behaupten, dieser Vers müsse sich auf Christen beziehen, weil Johannes das Wort *wir* verwendet. Wenn das stimmte, dann würden sich auch alle vorangehenden und nachfolgenden Verse, in denen *wir* steht, auf Christen beziehen. Aber das ist nicht der Fall.

Johannes benutzt das *wir*, um höflich gegen die gnostische Irrlehre vorzugehen. Wir sehen das im Folgenden:

- Wenn wir sagen, dass *wir* keine Sünde haben (1Joh 1,8).
- Wenn wir sagen, dass *wir* nicht gesündigt haben … (1Joh 1,10).

Johannes verwendet auch das Wort *uns*, um zu folgenden Schlüssen zu kommen:

- Die Wahrheit ist nicht in *uns* (1Joh 1,8).
- [Gottes] Wort ist nicht in *uns* (1Joh 1,10).

Bezieht sich Johannes hier auf Gläubige? Wenn er von Menschen spricht, die die Wahrheit oder Gottes Wort nicht in sich haben, schließt er sich selbst und die Gemeinde dann in diese Gruppe ein? Sicher nicht! Johannes will höflich zum Ausdruck bringen, dass wir *Menschen* Lügner sind, wenn wir sagen, wir hätten keine Sünde, und dass dann Christus (das Wort und die Wahrheit) nicht in uns ist. Johannes spricht hier deutlich von *Un*gläubigen.

> 1. Johannes 1,9 ist eine Einladung, Christ zu werden.

Was also ist die einzig sinnvolle Lösung, wenn ein Ungläubiger der Irrlehre seiner sündlosen Vollkommenheit auf den Leim gegangen ist? Wir wollen Vers 9 noch einmal lesen und sehen, ob wir verstehen, was Johannes sagen will: »Wenn wir aber unsere Sünden bekennen, so ist [Gott] treu und gerecht, dass er uns die Sünden vergibt und uns reinigt von aller Ungerechtigkeit.«

Vers 9 ist die Medizin für alle Ungläubigen, die sich dem gnostischen Gruppendruck gebeugt haben und nun behaupten, sie seien sündlos und vollkommen. Johannes fragt im Wesentlichen: »Willst du nicht lieber deine Meinung ändern anstatt zu behaupten, du hättest keine Sünde? Willst du nicht lieber Gott zustimmen anstatt zu behaupten, du hättest nie gesündigt?« Er fordert die Gnostiker auf, ihren Standpunkt zu überdenken. Wenn sie ihre Sündhaftigkeit zugeben, dann kann Gott ein rettendes Werk in ihrem Leben tun.

> Du hast bereits Tausende von Sünden begangen, die du alle vergessen hast.

1. Johannes 1,9 ist also eine Einladung, Christ zu werden. Und der Vers ist auch heute noch wichtig. Wenn jemand behauptet, er sei ohne Sünde, dann liegt er falsch. Aber es gibt eine Lösung für sein fehlgeleitetes Denken. Wenn er bereit ist, seine Meinung zu ändern und das Gegenteil zu bekennen (nämlich dass er Sünden *hat*), dann gibt es Hoffnung.

Ist dir aufgefallen, dass dieser Vers behauptet, sie würden von *allen* Ungerechtigkeiten gereinigt? Der Ausdruck *alle Ungerechtigkeit* erinnert an andere Stellen über Vergebung in den neutestamentlichen Briefen. Johannes spricht hier nicht von einem Abhaken jeder einzelnen Sünde, damit der Christ gereinigt und in der Vergebung bleibt. Das wäre lächerlich, denn das kann kein Mensch schaffen!

Stell dir das doch einmal vor. Du hast bereits Tausende von Sünden begangen, die du alle vergessen hast. Es ist völlig unmöglich, dass du dich an alle erinnerst, um sie bekennen zu können und dafür Vergebung zu erhalten. Darum müssen Christen von *aller* Ungerechtigkeit gereinigt werden – und zwar ein für alle Mal!

Diese Auslegung von Vers 9 im Zusammenhang ist vielleicht für manche neu, die diese Stelle als Rezept für Christen angesehen haben, die gerade eine einzelne Sünde begangen haben. 1. Johannes 1,9 war für sie eine Art »Seife« zum täglichen Händewaschen, um sauber und in Gemeinschaft mit Gott zu bleiben.

Was für eine Tragödie! Wenn wir diese Sicht übernehmen, erkennen wir nicht, dass nur Blut (und nicht Worte) Vergebung bringt. Wir erkennen nicht, dass das einmalige Opfer Jesu lebenslange Reinigung bewirkt hat. Darum reden wir mit Gott, um zu *spüren*, dass uns vergeben wurde und wir gereinigt wurden. Und dieses Gefühl dient uns als Bestätigung, dass Gott uns gerade vergeben hat. Aber es gibt Menschen, die können dieses Gefühl nicht heraufbeschwören. Und als Folge zweifeln sie auch an ihrer Vergebung!

Was heißt bekennen?

Ich will noch einen wichtigen Punkt klären. Die Bedeutung des Wortes *bekennen* ist »dasselbe sagen wie« oder »mit jemandem übereinstimmen«. Gläubige sollten in jeglicher Hinsicht mit Gott übereinstimmen – nicht nur was ihre Sünden anbelangt, sondern auch in allem anderen. Obwohl wir unsere Sünden nicht bekennen, *um* neue Anteile der Vergebung und Reinigung *zu erhalten*, sollten wir doch mit Gott darin übereinstimmen, dass Sünde Dummheit ist. Wir sind Gottes Kinder und nur seine Wege bringen uns Erfüllung. Wir sind von Grund auf so gestaltet, mit ihm übereinzustimmen, uns auf ihn zu verlassen und von ihm zu leben.

Aber es ist genauso wichtig zu erkennen, dass wir Gott durch unser Sündenbekenntnis nicht nötigen oder in Bewegung setzen. Er wartet nicht darauf, uns immer wieder Rationen seiner Vergebung oder Reinigung auszuteilen. Wir müssen unser Sündenkonto bei Gott nicht »knapp« halten, denn er hat bereits alle Aufzeichnungen vernichtet!

Gott hat unsere Sünden weggenommen. Er erinnert sich nicht mehr an sie. Vergebung und Reinigung hängen für uns als Gläubige nicht von unserem Erinnerungsvermögen, unserem Bekenntnis oder unseren Bitten ab. Sie beruhen ausschließlich auf dem vollbrachten Erlösungswerk Jesu Christi.

Das »andere« Bekennen

Was ist dann mit Jakobus 5,16? Jakobus spricht davon, dass wir einander unsere Sünden bekennen und füreinander beten sollen. Er sagt damit, wir sollen uns die Probleme des anderen anhören, unseren Rat anbieten, wo es angebracht ist, und füreinander beten. Im Zusammenhang gesehen hat die Ermahnung von Jakobus, unsere Sünden zu bekennen, *nichts mit Gottes Vergebung und Reinigung zu tun*.

Wenn wir Gott und guten Freunden unsere Sünden bekennen, ist das gesund. Es ist normal und natürlich, wenn man mit Leuten, die sich um einen kümmern, über seine Kämpfe spricht. Die unumstößliche Wahrheit ist jedoch, dass das Bekennen der Sünde an sich *keine* Reinigung auslöst. Wir sind bereits »ein für alle Mal« durch das einmalige Blutopfer gereinigt, das keine Wiederholung braucht.

Wir wollen ehrlich sein, was unsere Kämpfe anbelangt, aber auch klar sehen, was das Kreuz vollbracht hat. Der Katholik geht zum Priester; der Protestant denkt, er mache es besser, und wendet sich direkt an Gott. Aber jedes System, das nicht davon ausgeht, dass die Vergebung ein für allemal geschehen ist, ist in sich fehlerhaft.

> Jedes System, das nicht von einmaliger Vergebung ausgeht, ist in sich fehlerhaft.

Gott möchte nicht, dass wir denken, menschliche Priester würden uns Vergebung zuteilen. Aber er will genauso wenig, dass wir uns vorstellen, er teile vom Himmel her Vergebung aus nach dem Motto: »Wer zuerst kommt, mahlt zuerst«! Stattdessen möchte er, dass wir die wahre Bedeutung der Worte Jesu erfassen: »Es ist vollbracht!«

Nur dann werden wir uns aus dem richtigen Beweggrund von der Sünde abwenden. Unsere Motivation sollte nicht sein, dass wir im Gegenzug Vergebung erhalten. Wir sind reine Kinder des lebendigen Gottes, denen bereits vergeben wurde. Unser Beweggrund sollte die Erfüllung sein, die sich einstellt, wenn wir wirklich wir selbst sind.

23

Tatsache ist, dass Christen Menschen sind, denen völlig vergeben wurde, egal, ob wir das ganz verstehen oder nicht. Wenn uns das klar ist, können wir unsere rastlosen Versuche, mit Gott »ins Reine« zu kommen, beenden. Wir werden frei, das Leben ohne Schuldgefühle zu genießen, wie Gott es geplant hat – und wie die Menschen unter dem alten Bund es niemals konnten: »Denn der Opfernde wäre ja mit einem einzigen Opfer für immer rein, und seine Sünden würden sein Gewissen nicht länger belasten« (Hebr 10,2 NGÜ).

Im Lauf des letzten Jahrhunderts hat sich der Ausdruck *Gemeinschaft* zu einem Begriff entwickelt, mit dem Christen ihre jeweilige Nähe zu Gott beschreiben. Er bildet den Rahmen für unsere Beziehung zu Gott; aber leider leiten wir unsere Vorstellung der Beziehung zu Gott von unseren zwischenmenschlichen Beziehungen ab. Wenn wir uns an einem Freund, einem Familienmitglied, einem Kollegen versündigt haben, dann haben wir das Gefühl, die Beziehung sei gespannt oder sogar zerbrochen – so lange, bis wir uns entschuldigen, der andere uns vergibt und das frühere Verhältnis wiederhergestellt ist.

In der Bibel allerdings wird unsere Gemeinschaft mit Gott *nicht* so beschrieben. Der Mensch hat entweder Gemeinschaft mit Gott und ist darum errettet, oder er hat keine Gemeinschaft mit Gott und ist verloren. In den zehn Fällen, in denen das Wort *Gemeinschaft* in den Briefen des Neuen Testaments auftaucht, geht es nicht ein einziges Mal darum, dass unsere Gemeinschaft mit Gott davon abhängt, wie wir uns zuvor verhalten haben.

Natürlich wachsen wir geistlich noch. Und wenn wir sündigen, müssen wir auch die Konsequenzen tragen. Wir können uns den geltenden Gesetzen nicht entziehen. Wir können auch nicht vor den Reaktionen unserer Mitmenschen weglaufen. Wenn wir gegen jemanden sündigen, kann uns das in Schwierigkeiten bringen, und vielleicht sind wir auch enttäuscht über unsere Entscheidung. Doch wir sollten diese irdischen Konsequenzen nicht so deuten, als hätten wir dann auch keine Gemeinschaft mehr mit Gott.

> Jesus verlor die Gemeinschaft mit seinem Vater, damit wir sie niemals verlieren müssen.

Unsere Gemeinschaft mit ihm ist stabil und sicher. Gottes Gesicht ist uns immer zugewandt. Wenn wir sündigen, ist er auf jedem Schritt des Weges bei uns, um uns zu helfen, aus unserem Fehler zu lernen. Wie arrogant ist es denn anzunehmen, wir könnten der Sünde alleine und ohne die Gemeinschaft mit Gott entkommen, um wieder in diese Gemeinschaft zurückzukehren!

Wenn wir der Lüge auf den Leim gehen, Gott säße auf einem Drehstuhl und wendete jedes Mal sein Gesicht ab, wenn wir sündigen, dann verkünden wir einen Gott, dessen Liebe und dessen Gemeinschaft mit uns an Bedingungen geknüpft ist. Aber das würde bedeuten, das Werk Jesu zu ignorieren, der am Kreuz ausrief: »Mein Gott, mein Gott, warum hast du mich verlassen?« (Mt

27,46). Jesus verlor die Gemeinschaft mit seinem Vater, damit wir sie niemals verlieren müssen.

Es ist jedoch ganz normal und auch zu erwarten, dass uns unser Fehlverhalten leidtut. Ja, ich würde mir eher Sorgen machen um jemanden, dem seine Sünden *nicht* leidtäten! Es gibt ein göttliches Bedauern oder eine Reue über die Sünden, die bewirken, dass man sich ändern will (2Kor 7,10). Diese Reue rührt daher, dass die Gläubigen für gute Werke geschaffen wurden und nicht für Sünden. Wenn wir sündigen, leben wir nicht unserer Bestimmung gemäß. Wenn wir sündigen, werden wir mit unserer Entscheidung nicht glücklich werden.

Wir sind für etwas Größeres bestimmt.

Wir sind dazu bestimmt, das Leben Jesu Christi sichtbar zu machen.

Nicht weniger.

Das Vaterunser

Jetzt müssen wir noch über das Vaterunser sprechen, in dem Jesus seine Jünger zu beten lehrte: »Vergib uns unsere Sünden« (Lk 11,4). Das ist eine Bitte, ein Gebet um Vergebung. Hier wird nicht etwas in Anspruch genommen, das man bereits hat. Wie also passt das Vaterunser zu der Tatsache, dass uns schon ein für alle Mal vergeben wurde?

Wir können die Worte Jesu nicht ignorieren! Aber wie *verstehen* wir seine Worte, wenn wir bedenken, dass weder Paulus noch Petrus, noch Johannes oder irgendein anderer Apostel dafür plädieren, dass Christen täglich um Vergebung beten sollen? Die Antwort finden wir, wenn wir uns den Zusammenhang näher ansehen, in dem dieses Gebet steht, seinen Inhalt und das Publikum, an das es gerichtet war.

Jesus warnt seine Nachfolger vor dem bedeutungsleeren Wiederholen langer Gebete. Er sagt, wir würden nicht aufgrund unseres wortreichen Geplappers erhört (Mt 6,7). Verständlich, dass die Jünger ihn um ein Beispiel für ein »gutes« Gebet baten. In vielen Gemeinden heute wird einfach dieses Gebet wiederholt, das Jesus seinen Jüngern gegeben hat. Aber wissen wir überhaupt, was wir da beten?

> Jesus sagt seinen Zuhörern, dass sie Gott nur in dem Maß um Vergebung bitten können, in dem sie selbst anderen vergeben haben.

Die meisten Christen wissen, dass das Vaterunser eine Bitte um Vergebung enthält. Doch Jesus fordert seine Zuhörer auf, Gott *nur in dem Maß* um Vergebung zu bitten, in dem sie selbst anderen vergeben haben.

Es heißt nicht einfach: »Vergib uns unsere Schuld.« Nein, Jesus präzisiert: »... und vergib uns unsere Schuld, *wie auch wir unseren Schuldnern vergeben haben*« (Mt 6,12 ELB). In anderen Worten könnte das Gebet etwa so lauten: »Gott, sieh dir mein Leben ganz genau an und wie erfolgreich ich anderen vergeben habe. Und dann gib mir dieselbe Art und Menge an Vergebung, die ich anderen gegeben habe.«

Wie reagierten die Menschen, die Jesus so beten hörten? Waren sie begeistert? Wurden sie frei von ihrer Schuld? Wahrscheinlich nicht. Jesus zeigte seinen jüdischen Zuhörern absichtlich die Sinnlosigkeit des Suchens nach Vergebung unter dem Alten. Wenn ein Mensch sich in einem religiösen System bewegt, das an

Bedingungen geknüpft ist, kann er nur *das erhalten, was er verdient* oder anderen gibt.

Manche haben versucht, die Strenge des Vaterunsers wegzuerklären, wie sie es mit den anderen harten Lehren Jesu getan haben. Sie sagen, als Christen seien wir sowieso vergebende Menschen und neigten deshalb dazu, anderen zu vergeben, wie Gott es tut. Darum behaupten sie, zwischen diesem Gebet und den Stellen in den Briefen gebe es keinen Konflikt. Aber Jesus macht ganz klar, was er wirklich meint, wenn er das Gebet mit den Worten abschließt: »Denn wenn ihr den Menschen ihre Verfehlungen vergebt, so wird euch euer himmlischer Vater auch vergeben. *Wenn ihr aber den Menschen nicht vergebt, so wird euch euer Vater eure Verfehlungen auch nicht vergeben«* (Mt 6,14-15 LUT).

Jesus sagt sicher nicht: »Weil du so ein vergebender Mensch bist …« Im Gegenteil, er knüpft die Vergebung für seine Zuhörer an eine knallharte Bedingung: Ihnen wird dann vergeben, wenn sie anderen vergeben. Ihnen wird nicht vergeben, wenn sie anderen nicht vergeben. Ihnen wird nur *in dem Maß* vergeben, in dem sie anderen vergeben.

Doch vergleichen wir diese Worte mit der Aussage von Paulus in Kolosser 3,13. Er schreibt dort: »Gleichwie Christus euch *vergeben hat*, so auch ihr«. Das Vaterunser und Paulus' Ermahnung sind nicht miteinander vereinbar. Jesus ruft uns dazu auf zu vergeben, *damit* uns vergeben werden kann, während Paulus uns mahnt zu vergeben, *weil* uns bereits vergeben wurde.

Nach Jesu Lehre liegt alles an uns. Wir müssen vergeben, damit Gott uns vergibt. Aber nach Paulus hat Gott bereits die Initiative ergriffen. Uns wurde bereits vergeben und wir sind aufgerufen, das weiterzugeben.

Wie aber können die Lehren Jesu und die von Paulus einander widersprechen? Haben nicht *beide* unter demselben neuen Bund gelehrt?

Ein altes Gebet

Wir haben bereits erwähnt, dass ein Bund durch Blut eingesetzt wird. Als Jesus die Juden lehrte, wie sie beten sollen, war dieses Blut noch nicht vergossen. Also hatte das Neue noch nicht begonnen. Das Vaterunser ist ein Gebet des alten Bundes, das den Juden gelehrt wurde, *bevor* die einmalige und für alle Zeiten gültige Vergebung erwirkt wurde.

> Das Vaterunser ist ein Gebet des alten Bundes, das den Juden gelehrt wurde, bevor die einmalige und für alle Zeiten gültige Vergebung erwirkt wurde.

Aber warum sollte Jesus eine Formel vorschreiben, durch die man Vergebung erhalten kann, indem man anderen vergibt? Nun, vielleicht aus demselben Grund, aus dem er dem reichen Jüngling sagte, er solle all seinen Besitz verkaufen (Mk 10,21). Vielleicht aus demselben Grund, aus dem er seinen jüdischen Zuhörern sagte, sie sollten ihre Augen ausreißen und ihre Hände abhauen, um gegen die Sünde zu kämpfen (Mt 5,29-30). Wahrscheinlich aus demselben Grund, aus dem er die Juden bedrängte, vollkommen zu sein, wie ihr himmlischer Vater vollkommen ist (Mt 5,48).

Er sagte dies alles, um sie zur Verzweiflung zu bringen, nicht um ihnen Hoffnung zu machen.

Wie würdest du reagieren, wenn du diese Dinge hören und sie ernsthaft befolgen wolltest? So wie der reiche Jüngling gingen alle traurig weg, die ihre Chancen, *dieses* Maß an Gerechtigkeit, Hingabe und Vergebung einzuhalten, ehrlich einschätzten. Der reiche Jüngling, der ernsthaft nach Wahrheit gesucht hatte, wurde mit einer schmerzlichen Erkenntnis konfrontiert. Und das Ergebnis war Verzweiflung.

Jesus sagte allen, denen er begegnete, die Wahrheit. Nicht alle seiner Aussagen hatten die Absicht, die Hoffnungslosigkeit des Alten zu zeigen. Jesus weissagte auch über die Schönheit des Neuen: das Königreich Gottes, die Rolle des Heiligen Geistes und seine Wiederkunft, um nur einiges zu nennen. Aber das Vaterunser war dazu gedacht, alle unter dem Alten auf das Neue vorzubereiten. Jesus beleuchtete die Sinnlosigkeit ihrer Anstrengungen, mit Gott ins Reine zu kommen. Die beste Methode, all die zu erlösen, die meinen, sie seien auf einem guten Weg, ist die, sie unter Maßstäben zu begraben, die ihnen zu hoch sind.

Wenn Menschen merken, dass das System, unter dem sie sich befinden, ihnen mehr abverlangt, als sie geben können – dann werden sie bereit für etwas Neues.

24

An der Uni kann man den unterschiedlichsten Leuten begegnen. Nie werde ich die beiden begabten Professoren vergessen, die ich in meinem ersten Semester kennenlernte und die ihre Studenten sehr unterschiedlich behandelten. Der eine war hart und streng. Wenn er den Gang entlang lief, spürte man, wie sich alle anspannten. Sein Tonfall war furchteinflößend und seine Worte herablassend. Der andere behandelte seine Studenten wie Kollegen. Er war freundlich, voller Energie und ermutigte alle in seinem Umfeld. Er suchte nach Möglichkeiten, seinen Studenten zum Erfolg zu verhelfen. Anstatt ihre Fehler hervorzuheben, blickte er in die Zukunft: Was brauchten seine Studenten, um weiterzukommen? Waren sie darauf vorbereitet, Stellen in erstklassigen Forschungsinstituten zu besetzen? Ihm lag daran, sie für das auszubilden, was vor ihnen lag.

Beide Professoren waren auf ihrem Gebiet sehr angesehen. Aber ihr täglicher Umgang mit den Studenten war total unterschiedlich. Man kann sich vorstellen, was geschah, wenn die Studenten beide Professoren kennengelernt hatten. Sie wurden von dem einen angezogen und vom anderen abgestoßen. Ich kann mich noch gut an den Tag erinnern, an dem wir uns einen akademischen Berater als Mentor aussuchen sollten. Unzählige Studenten scharen sich um den netten Professor. Nur wenige, wenn überhaupt, wollten von dem herablassenden Professor beraten werden.

Unser Mentor ist der Heilige Geist. Aber was für ein Mentor ist er? Was ist seine Methode und wie geht er mit uns um?

Führung oder Überführung?

Im Hebräerbrief steht, dass Gott (der Vater) sich nicht mehr an unsere Sünden erinnert (Hebr 8,12). Dann wiederholt der Schreiber denselben Punkt noch einmal und erklärt, dass auch *der Heilige Geist* sich nicht mehr an unsere Sünden erinnert (Hebr 10,17). Warum wird das zweimal erwähnt?

Manchmal trennen wir Gottes Liebestat am Kreuz von der Art, wie der Heilige Geist unsere Sünden sieht. Das vermittelt unterschwellig, dass Gott und der Heilige Geist nicht an einem Strang ziehen. Es ist erstaunlich, dass wir uns vorstellen können, wir hätten Frieden mit Gott

> Wir meinen, der Heilige Geist würde uns für unsere Sünden bestrafen, indem er uns Schuldgefühle einflößt und das Gefühl, Gott sei weit weg.

dem Vater, aber gleichzeitig meinen, der Heilige Geist würde uns für unsere Sünden bestrafen, indem er uns Schuldgefühle einflößt und das Gefühl, Gott sei weit weg. Viele Christen sagen dazu, wir würden vom Heiligen Geist *überführt*.

Wie können wir den Begriff *überführt werden* auf Christen anwenden? Im einen Atemzug geben wir zu, dass Gott unsere Sünden vergessen hat. Wir sagen, er zieht sie nicht mehr in Betracht. Vielleicht stimmen wir sogar dem Schreiber des Hebräerbriefs zu, dass selbst der Heilige Geist unsere Sünden vergessen hat. Aber im nächsten Atemzug behaupten wir steif und fest, der Heilige Geist würde uns von unseren Sünden *überführen*.

Um diesen offensichtlichen Widerspruch aufzulösen, wollen wir uns die Bedeutung des Wortes *überführen* anschauen.

Überführen bedeutet »für schuldig befinden«. Innerhalb eines Rechtssystems folgt auf die Überführung zunächst die Verurteilung und dann die Strafe. Ein *überführter* Verbrecher ist jemand, der ins Gefängnis gesteckt wird. Sollte das Wort *überführen* also tatsächlich dafür verwendet werden, das Zusammenspiel zwischen Heiligem Geist und den Kindern Gottes zu beschreiben? Sicherlich nicht.

Das Wort *überführen (elengcho)* taucht im Neuen Testament nur insgesamt vierzehn Mal auf. Und in keinem einzigen Fall hat es etwas mit dem täglichen Leben von uns Christen zu tun! Das Johannesevangelium enthält die einzige Stelle, in der die Wörter *Heiliger Geist* und *überführen* zusammen vorkommen:

Aber ich sage euch die Wahrheit: Es ist gut für euch, dass ich hingehe; denn wenn ich nicht hingehe, so kommt der Beistand nicht zu euch. Wenn ich aber hingegangen bin, will ich ihn zu euch senden. Und wenn jener kommt, wird er **die Welt überführen** *von Sünde und von Gerechtigkeit und vom Gericht; von Sünde,* **weil sie nicht an mich glauben.** *(Joh 16,7-9)*

Wer wird denn hier überführt? Die Welt. Das sind *Menschen, die nicht an Jesus glauben.* Jesus redet hier nicht von Christen, die bereits an ihn glauben! In dieser und in allen anderen zutreffenden

Stellen geht aus dem Zusammenhang ganz klar hervor, dass der Begriff *überführen* ausschließlich Ungläubigen gilt.

Neue Erwartungen

Wenn es also falsch ist zu sagen, der Heilige Geist würde die Gläubigen überführen, was können wir im Blick auf unser Verhalten dann von ihm erwarten? Die neutestamentlichen Briefe beschreiben klar, wie der Heilige Geist im Leben der Gläubigen wirkt. Er ist unser Ratgeber, unser Helfer, unser Tröster, unser Beistand – und der, der uns in alle Wahrheit leitet (Joh 16,13). Er betet für uns (Röm 8,26). Und er legt Zeugnis ab von unserer Identität als Kinder Gottes (Röm 8,16).

> Es ist falsch zu sagen, der Heilige Geist würde die Gläubigen überführen.

Aber wie verbessert sich unser Verhalten? Genau dadurch! Wie können wir nur glauben, die Leitung des Heiligen Geistes würde nicht genügen, um in unserem Leben echte Veränderung zu bewirken? Anstatt unsere Vergangenheit auszubuddeln, trainiert er uns für die Zukunft. Anstatt uns wie überführte Verbrecher zu behandeln, bestätigt er uns als Heilige. Wenn in unserem Leben sündhaftes Verhalten auftritt, erinnert er uns an das Werk Jesu am Kreuz. Wir müssen wissen, dass wir rein und für gute Werke gemacht sind, nicht für die Sünde. Die Welt wird uns das bestimmt *nicht* lehren!

Das Wirken des Heiligen Geistes ist beispiellos in dieser Welt. Wir können keine anderen Vorbilder für seinen Rat und seine Führung finden. Warum nicht? Weil kein menschlicher Mentor ständig eine Haltung der völligen Vergebung bewahren, uns als vollkommene Menschen schätzen und uns gleichzeitig im Blick auf unser Denken und Handeln kompetent beraten kann.

Ist das nicht Haarspalterei? Überhaupt nicht. Zu viele Christen erliegen dem Ankläger, weil sie diese Angriffe fälschlicherweise der *Überführung* des Heiligen Geistes zuschreiben. Für Satan gibt es keine bessere Taktik, als uns zuerst zu versuchen und dann mit Schuldgefühlen zu überschwemmen, indem er sich als Heiliger Geist ausgibt. Manchmal bekommen wir schon Schuldgefühle, weil wir überhaupt so etwas denken!

> Gott hat unsere Sünden vergessen. Sollten wir das nicht auch tun?

Gott hat unsere Sünden vergessen. Sollten wir das nicht auch tun? Wenn unsere Sicht von Gott ebenso schräg ist oder wir nicht völlig verstanden haben, was Jesus getan hat, dann ist es ganz natürlich, dass wir auch das Wirken des Heiligen Geistes in einem falschen Licht sehen.

Aber wir haben eine reine Weste. Der Heilige Geist ist auf unserer Seite. Er wird uns *nie* im Stich lassen. Und er ist ein erfolgreicher Trainer.

25

Da sind wir also, und alle Freunde schauen zu, wie jede gemeine, kleinliche und egoistische Tat, die wir jemals begangen haben, auf die große himmlische Kinoleinwand projiziert wird. Erst wenn der Film zu Ende ist, wirst du dir wirklich sicher sein. Aber das Peinlichste ist vielleicht, dass der Film anscheinend ewig dauert! »Könnten wir vielleicht eine kurze Pause machen oder so?«, fragst du. Aber keiner lacht, denn viele sind einfach zu entsetzt. Und andere sind zu beschäftigt mit dem Gedanken, dass der nächste Kassenschlager ihr eigener Film sein könnte.

Die Vorstellung von einem Jüngsten Gericht scheint der völligen Vergebung zu widersprechen, und der Gedanke, alle unsere Sünden könnten auf eine Kinoleinwand projiziert werden, damit der allmächtige Gott sie untersucht, verunsichert uns zutiefst. Wie können wir die biblische Gewissheit, dass es ein Jüngstes Gericht geben wird (Offb 20,11), mit der ein für alle Mal gültigen Vergebung in Einklang bringen?[13]

---

13 siehe Streiflicht 10 auf S. 283.

Die »Jüngste Wahrheit«

Die Ereignisse des Jüngsten Gerichts werden in Offenbarung 20 und 21 beschrieben. In Offenbarung 20,11-15 erfahren wir, dass Gott »die Toten« zum Gericht vor seinen Thron ruft – aus dem Meer, dem Tod und dem Hades. Sie werden nach ihren Taten gerichtet und dann in den Feuersee geworfen. Es gibt ein Kriterium, das sie alle verdammt: Ihre Namen sind nicht aufgeschrieben im Buch des Lebens.

> Christen werden nicht vor Gericht kommen und verurteilt werden.

Kapitel 21 wendet sich dann an die Gemeinde. Hier nennt Gott die Gläubigen seine »Braut« und sagt, dass es für uns im Himmel kein Leid mehr geben wird. Es gibt also einen klaren Unterschied zwischen den Toten aus Kapitel 20, die aus der Hölle hochgeholt werden, und der kostbaren Braut Christi in Kapitel 21. Im Endeffekt werden also wir Christen nicht vor Gericht kommen und verurteilt werden, denn wir glauben an den Herrn Jesus Christus und unsere Namen sind aufgeschrieben im Buch des Lebens.

Eine Aussage, die uns in Bezug auf unsere perfekte Stellung vor dem Richter die Augen öffnen kann, machte Jesus selbst: *»Wer an [Jesus] glaubt, wird nicht gerichtet; wer aber nicht glaubt, der ist schon gerichtet, weil er nicht an den Namen des eingeborenen Sohnes Gottes geglaubt hat«* (Joh 3,18).

Obwohl das Wort Gottes also klar ist, habe ich doch schon gehört, wie manche das Jüngste Gericht gebrauchen, um in den Gläubigen etwas heraufzubeschwören, was sie »Gottesfurcht« nennen. Ich habe sogar schon sagen hören, die Qualität einer

Predigt würden sie daran messen, wie schuldig sie sich danach fühlen! Wenn man das Jüngste Gericht aus dem Zusammenhang reißt, kann es unsere Heilsgewissheit ernsthaft beeinträchtigen.

Fließband

Stell dir vor, du arbeitest bei Ford am Fließband. Es ist deine erste richtige Stelle und dein Kollege und du sind damit beschäftigt, Einspritzdüsen für den Ford Mustang zu montieren. In der ersten Arbeitswoche schien sich das Fließband noch viel zu schnell zu bewegen, aber inzwischen hast du dich daran gewöhnt. Jetzt, nach Wochen und Monaten, ist dir das Montieren von Benzineinspritzdüsen in Fleisch und Blut übergegangen.

Natürlich hast du auch schon Fehler gemacht. Weiter unten am Fließband wurden die fehlerhaften Teile dann aussortiert, eingeschmolzen und zu einem neuen Teil gegossen. Aber mit der Zeit machst du immer weniger Fehler und der Ablauf ist für dich ganz normal geworden. Ja, manchmal merkst du oft gar nicht, wie die Zeit vergeht, während du Dutzende von Einspritzdüsen montierst!

> Der Vater möchte gerne alles herzeigen, was sein Sohn erreicht hat.

Verständlicherweise ist die Firma Ford auf Qualität bedacht. Also kommt ein Prüfer, um die Arbeit deines Teams zu überprüfen und genau festzustellen, wie viel Ausschuss ihr produziert und wie viele funktionstüchtige Ventile ihr gebaut habt. Klar, dass einige deiner Kollegen ein bisschen nervös werden, wenn der Prüfer unterwegs ist, aber du hast ein Ass im Ärmel. Du wohnst mit dem Prüfer zusammen! Er ist dein »Papa«. Und er hat, schon seit du klein warst und hinter ihm her zur Arbeit getrottet bist, versucht, dir die Tricks und Kniffe des Handwerks zu zeigen.

Aber beachten wir, dass weder du noch deine Kollegen *auf* dem Fließband sind. Weder dein Papa noch die Firma Ford haben ein Interesse daran, dich als Person zu beurteilen! Nur das *Produkt* deiner Arbeit – entweder qualitativ hochwertig oder nicht – liegt auf dem Fließband. Genauso sagt Jesus, dass alle, die an ihn glauben, *nicht* gerichtet werden. Lediglich unsere Werke werden geprüft, untersucht oder bewertet, während sie auf dem Fließband liegen und in die Richtung laufen, wo am Ende die Errungenschaften seines Sohnes gesammelt werden. Paulus spricht davon, dass unsere Werke daraufhin geprüft werden, ob sie von Bestand sind:

> *Denn einen anderen* **Grund** *kann niemand legen außer dem, der gelegt ist, welcher ist* **Jesus Christus.** *Wenn aber jemand auf diesen Grund Gold, Silber, kostbare Steine, Holz, Heu, Stroh baut, so wird das Werk eines jeden offenbar werden; der Tag wird es zeigen, weil es durchs Feuer geoffenbart wird.* **Und welcher Art das Werk eines jeden ist,** *wird das Feuer erproben.* (1Kor 3,11-13)

Das Prinzip ist einfach: Alles, was auf Christus gebaut ist, wird die Zeiten überdauern; alles, was in fleischlicher Anstrengung unternommen wurde, wird das nicht können. Aber du selbst bist nie auf dem Prüfstand. *Du* bist nicht auf dem Fließband.

Das ist ein ganz wichtiger Unterschied, vor allem, weil viele Christen sich darüber nicht im Klaren sind. Gott hat uns als Person von dem getrennt, was wir getan haben. Unsere Bestimmung und unsere Stellung stehen also *nicht* zur Debatte. Gleichzeitig möchte der Vater aber gerne alles herzeigen, was sein Sohn erreicht hat. Und wie wir wissen, wird es am Ende der Zeiten ein riesiges Fest geben.

Himmlische Güter

»Okay, wir selbst werden vielleicht nicht gerichtet, aber ich will mir doch trotzdem haufenweise Belohnungen im Himmel verdienen!« Solche Aussagen höre ich oft, wenn ich davon spreche, dass wir vom Gericht Gottes befreit sind.

Wir Menschen brauchen anscheinend immer die Motivation durch Strafe oder Belohnung, um mit unserem Verhalten in der Spur zu bleiben. Und während wir eine offenkundige Motivation durch Schuldgefühle gerne abstreiten, stellen wir uns lieber vor, dass Gott uns nach unserer Ankunft im Himmel Wohnungen unterschiedlichster Größe und andere verdiente Auszeichnungen zuteilen wird.

> Der Begriff Belohnungen taucht nirgends im Neuen Testament auf.

Christen verwenden gemeinhin den Begriff *Belohnungen,* wenn sie von den himmlischen Immobilien oder von Gutscheinen reden, die sie im himmlischen Geschenkeladen gegen Kronen und Juwelen einlösen können.

In Wirklichkeit taucht der Begriff *Belohnungen* im Neuen Testament nirgends auf. Der Apostel Paulus spricht von einem »Lohn« (im Singular, nicht im Plural) oder einem »Preis« und gebraucht dabei das Bild von einem Wettlauf, in dem man das Ziel erreicht. Aber Paulus stellt auch fest, dass alles andere neben der Erkenntnis Christi Jesu Dreck ist (Phil 3,8). Glauben wir angesichts dieser Wahrheit wirklich, dass Gott uns mit größeren Häusern und schönerem Schmuck belohnt, wenn wir uns mehr von Jesus abhängig machen?

Gott will nicht, dass wir so oder so denken und handeln, nur weil wir himmlische Güter anhäufen wollen. So wie Paulus bereit war, alles aufzugeben, um Christus zu erkennen, sollten auch wir es uns vornehmen, ihn zu erkennen. Damit wir im Himmel reich werden? Nein, wir wollen ihn erkennen, weil es auf dieser Erde einfach nichts Größeres gibt.

Schatzsuche

Aber sagt Jesus nicht selbst, dass wir uns Schätze im Himmel sammeln sollen (Mt 6,20)? Ja, aber Schätze sind nicht dasselbe wie Belohnungen. Schätze wollen *entdeckt* werden. Aber sie lassen sich nicht verdienen. Wenn ein Schatz entdeckt wird, kann er entweder liegen gelassen oder irgendwo gelagert werden.

Wenn Gott uns sagt, dass wir Schätze im Himmel sammeln können, fordert er uns auf, unsere täglichen Entscheidungen und ihre Auswirkungen zu überdenken. Manche Entscheidungen haben ein wertloses Ergebnis zur Folge, das später wie Holz, Heu oder Stroh verbrannt werden wird. Andere haben Ewigkeitswert, weil sie Ausdrucksformen Jesu Christi sind.

Im Prinzip stellt Gott folgende Fragen: Worin investierst du angesichts dessen, wer du bist und was du weißt? Willst du Haltungen und Taten ansammeln, die die Zeiten überdauern, oder tote Werke tun, die am Ende verbrannt werden?

Es ist deine Entscheidung.

Teil 6

....

Wir heiraten keine Toten

Wenn du Christus nur glauben würdest!
Nicht allein dem Gekreuzigten, der starb,
um dich zu erlösen, sondern auch dem
Lebendigen, dessen Leben in dir und
durch dich Gestalt gewinnen möchte. Dann
könnte schon dein nächster Schritt in der
Kraft und Vollmacht Gottes getan sein.
Major W. Ian Thomas (1914–2007)

26

Ich bin ein bedachter Käufer. Ich mag es nämlich überhaupt nicht, wenn mir jemand irgendetwas andreht. Oft verbringe ich Stunden damit, Marken und Modelle zu vergleichen, bevor ich mich für etwas entscheide. Ob es nun um technische Geräte, um Golfklubs oder um Autos geht, normalerweise prüfe ich alle Angaben, Produkttests und Verbraucherberichte, um die Leistung und Zuverlässigkeit eines Produkts zu bestimmen. Das geht inzwischen so weit, dass Freunde und Familienmitglieder mich anrufen, bevor sie selbst etwas kaufen. Meine Frau witzelt schon, ich sollte eine Beratungsstelle für Produkte des täglichen Bedarfs aufmachen, doch die Zeitschrift *Consumer Reports*[14] ist mir damit bereits zuvorgekommen.

Welche Lebens*marke*?

Die Bibel bemüht sich nach Kräften, uns zu vermitteln, dass das uns angebotene Leben sowohl zuverlässig ist als auch eine Garan-

---

14 Amerikanische Zeitschrift; vergleichbar mit der deutschen »Stiftung Warentest«.

tie hat. Kurz gesagt, es ist kein Ramsch. Es ist sehr gut bewertet und hat die besten Garantien, die es gibt.

Das Wort *ewig* wird oft verwendet, um die Dauer des Lebens auszudrücken, das wir in Jesus haben. Viele setzen ewiges Leben mit immerwährendem Leben gleich, aber die beiden Begriffe haben nicht dieselbe Bedeutung. Der Begriff *ewiges Leben* ist eher seltsam, denn er bedeutet Leben ohne Ende *und ohne Anfang*. Das wollen wir im Kopf behalten, wenn wir die folgenden Gedanken über das ewige Leben lesen:

*Und darin besteht das Zeugnis, dass Gott uns ewiges Leben gegeben hat, und **dieses Leben ist in seinem Sohn. Wer den Sohn hat, der hat das Leben**; wer den Sohn Gottes nicht hat, der hat das Leben nicht.*
Dies habe ich euch geschrieben, die ihr glaubt an den Namen des Sohnes Gottes, damit ihr wisst, dass ihr ewiges Leben habt, und damit ihr [auch weiterhin] an den Namen des Sohnes Gottes glaubt. (1Joh 5,11-13)

Wer ist der einzige Mensch, dessen Leben *keinen Anfang* hatte? Wenn du nun also ewiges Leben hast, *wessen* Leben hast du? Ewiges Leben hat zunächst einmal weder mit dem Himmel noch mit Gottesdiensten und noch nicht einmal mit der Bibel zu tun. Ewiges Leben ist auch nicht einfach ein besseres Leben oder ein besserer Lebenssinn. Es ist ein völlig anderes Leben. Es ist *Gottes Leben*. Wir sprechen hier nicht von religiösen Vorstellungen. Wir sprechen vom Garten Eden und dem Paradies.

Selbst wenn es keine Gemeindegebäude, keine Bibelkurse und keine anderen Heiligen auf dieser Erde gäbe, bräuchten wir immer noch ewiges Leben. Auch wenn du auf einer einsamen Insel gestrandet wärst, du brauchst ewiges Leben. Der Kern des Evangeliums begegnet diesem Grundbedürfnis. Die wesentliche Verheißung des Neuen ist, dass der Menschheit das göttliche Leben zurückgebracht wird.

Buchwissen?

Was bedeutet nun »Leben haben«? Um das zu begreifen, sollten wir es einmal ganz unabhängig von dem betrachten, was wir üblicherweise *Gemeinde* nennen. Ein Hindernis, das echte Evangelium als Wiederherstellung des Lebens zu begreifen, ist zum Beispiel unsere Sucht nach »Buchwissen«.

Dass man mich nicht falsch versteht – ich liebe das Wort Gottes. Und im vorliegenden Buch geht es darum, geistliche Wahrheiten der Bibel herauszustellen. Aber wir sollten aufpassen, nicht das Buch meistern zu wollen, ohne den Autor zu kennen.

> Ewiges Leben hat zunächst einmal weder mit dem Himmel noch mit Gottesdiensten und noch nicht einmal mit der Bibel zu tun.

Was hilft es, wenn wir Experten in Bibelwissen sind, aber nicht wissen, wie man echtes Leben zum Ausdruck bringt? Jesus warnt uns davor, wegen unseres Buchwissens über geistliche Dinge aufgeblasen zu werden:

Ihr erforscht die Schriften, weil ihr meint, in ihnen das ewige Leben zu haben; und sie sind es, die von mir Zeugnis geben. Und *doch wollt ihr nicht zu mir kommen,* um das Leben zu empfangen. (Joh 5,39-40)

Jesu Worte machen etwas ganz Wichtiges deutlich: Es kommt darauf an, dass Jesus in uns lebt. Wir sollten nicht meinen, jemand, der mit dem Studium der Bibel seinen Lebensunterhalt verdient, sei deshalb schon zwangsläufig eine neue Schöpfung. Und wir sollten auch nicht Bibelwissen mit geistlicher Reife gleichsetzen. Es ist mit Sicherheit *nicht* dasselbe, ganz im Gegenteil! Es ist immer noch wie in den Tagen Jesu. Oft widerstehen gerade diejenigen der Leitung des Heiligen Geistes, die stolz darauf sind, wie gut sie die Worte der Bibel *kennen* (ohne jedoch zu begreifen, was sie bedeuten).

Vaters »Zeugnis«

»Ich hab keine Ahnung, was ich sagen soll!«, flüsterte mein Vater, als er aufstand, um sich an die Gemeinde zu wenden. »Dir wird schon etwas einfallen«, antwortete meine Mutter. Meine Mutter war erst seit Kurzem gläubig, aber mein Vater war noch gar nicht in Christus. Dennoch hatte der Pastor ihn gebeten, an einem Sonntagmorgen sein Zeugnis zu erzählen.

Mein Vater war Anwalt, Geschäftsmann und Politiker. Er war kein unbedeutender Mann in Nord-Virginia, wo wir lebten. Vielleicht war das der Grund, warum der Pastor ihn dazu ausersehen hatte, eine Ansprache zu halten und sein Zeugnis zu geben. Eigentlich hatte mein Vater gar nichts zu sagen. Er war kein Christ und hatte noch nicht einmal verstanden, wie man errettet werden kann.

Als er fertig war, klatschten und jubelten die Zuhörer. Nach dem Gottesdienst kamen viele nach vorne, um ihm die Hand zu schütteln und ihn für sein tolles Zeugnis zu beglückwünschen.

Was hatte mein Vater denn gesagt? Nun, es ging um die Bedeutung von Glauben und Gemeindeleben und dass Kinder in einem christlichen Umfeld aufwachsen sollten. Er sagte den Leuten, wie wichtig sie für ihn seien, weil sie unsere Familie liebten und unterstützten. Das war der Grund für den Beifall und die Komplimente. Das Werk Jesu Christi wurde mit keinem Wort erwähnt. Nichts darüber, dass wir das Leben Jesu annehmen müssen. Nur Rhetorik über die Wichtigkeit von Gemeinde, Glauben und christlichen Werten. Erst ein Jahr später wurde mein Vater eine neue Schöpfung in Christus.

Wir dürfen die Wichtigkeit einer Herzoperation nicht aus dem Blick verlieren.

Ich erzähle diese wahre Begebenheit um zu zeigen, wie auch Christen manchmal unfähig sind, den Unterschied zwischen geistlicher Wahrheit und nett klingenden frommen Worten zu erkennen. Ich glaube, sie zeigt auch, dass es Menschen gibt die glauben, wie damals mein Vater, sie gehörten zur Gemeinde, obwohl sie nicht wirklich *in* Christus sind.

Auch wenn man aktiv am Gemeindeleben teilnimmt, alle möglichen ehrenamtlichen Aufgaben übernimmt und sogar eloquent über die Bedeutung des Glaubens und christlichen Lebens reden kann, heißt das noch lange nicht, dass eine neue Geburt stattgefunden hat. Wir dürfen die Wichtigkeit einer Herzoperation nicht aus dem Blick verlieren. Ohne Gottes Eingriff in unser Innerstes ist jeder äußerliche Ausdruck von Kirchlichkeit nur Zeit- und Energieverschwendung. Schließlich könnten wir mit unserer Zeit viel Interessanteres anstellen, als Gemeinde zu spielen!

Es ist ernüchternd zu sehen, dass rund 80 bis 90 Prozent der Menschen in der frühen Gemeinde weder lesen noch schreiben konnten. Das heißt, dass sie kaum so wie wir stille Zeit halten oder die neusten christlichen Bücher lesen konnten. Trotz ihres Analphabetentums wurden diese Gläubigen aber gebraucht, um das Evangelium schnell auszubreiten und zwar auf der ganzen Welt. Sie wurden für ihren Glauben gefoltert, gesteinigt und getötet und gaben bereitwillig Zeugnis vor denen, die versuchten, sie umzubringen.

Wie schafften sie es, ohne tägliche »stille Zeit« so starke Christen zu werden? Sicher, wir haben heute das Glück, dass wir Gottes Wort immer zur Hand haben. Aber das Bibellesen allein ist kein Ersatz dafür, das Leben selbst zu besitzen und aus uns herausfließen zu lassen – und zwar dasselbe Leben, das die Glieder der frühen Gemeinde hatten.

Mehr als das Kreuz

Das ewige Leben ist das Leben Jesu. Jesus bezeichnete sich selbst als »die Auferstehung und das Leben« und als den »Weg, die Wahrheit und das Leben« (Joh 11,25; 14,6). Er sagte auch: »Weil ich lebe, sollt auch ihr leben« (Joh 14,19). Unser ewiges Leben ist in ihm verankert. Unser neues geistliches Leben ist eigentlich sein Leben.

Es wartet also kein geistliches Geschenkpaket auf uns im Himmel. Wir haben Jesus Christus *jetzt* in uns. Ja, sein Leben *rettet* uns. Wir wissen, wie wichtig das Blut Jesu für unsere Vergebung ist. Aber sein Tod *alleine* reicht nicht aus, um uns zu retten! Sein Tod am Kreuz liefert uns nicht das Leben, das wir brauchen. Seine Auferstehung ist es, die uns rettet.

*Denn wenn wir **mit Gott versöhnt** worden sind **durch den***
*** Tod seines Sohnes,** als wir noch Feinde waren, wie viel*
*mehr werden wir als Versöhnte **gerettet** werden **durch sein***
*** Leben!** (Röm 5,10)*

Ich glaube nicht, dass wir das Erlösungswerk Jesu in einzelne Ereignisse aufteilen und diese dann so behandeln sollten, als seien
sie unabhängig voneinander auf-
getreten. Ohne seinen Tod gäbe es
schließlich keine Auferstehung. Aber
dennoch ist wichtig: Das Blut Jesu
bringt uns kein neues Leben. Blut
bringt Vergebung der Sünden, mehr
nicht. Wir sollten uns also nicht damit zufrieden geben, allein das Kreuz

> Wir sollten darauf
> beharren, dass es
> mehr gibt als nur
> Vergebung.

zu verstehen, sondern darauf beharren, dass es mehr gibt als nur
Vergebung. Und wir finden das, was wir suchen, wenn wir die
Auferstehung verstehen und was sie für uns persönlich bedeutet.

Lebensmaler

Viele Christen haben Probleme damit, genau zu erklären, was die
Auferstehung für sie persönlich bedeutet. Ich habe verschiedene
Gruppen von Christen danach gefragt und normalerweise bekomme ich zur Antwort, Gott habe damit seine Macht über den
Tod bewiesen. Aber ist das alles? Paulus sagte, wenn es keine Auferstehung gäbe, dann wäre seine ganze Botschaft bedeutungs-
los und wir könnten für unseren Glauben nur bedauert werden
(1Kor 15,12-19). Bei der Auferstehung muss es um mehr gehen als
nur darum, dass Gott seine Macht erweist. Das hatte er ja schon

bei der Schöpfung, der Sintflut, durch die erfüllten Prophetien, durch Wunder und die Auferweckung des Lazarus von den Toten getan.

Zum Glück *ist* die Auferstehung mehr als das. Das Leben, das wir in uns haben, ist nicht der Mensch Jesus, der lebte, lehrte und nach seinen dreiunddreißig Jahren auf der Erde starb. Sicher, das gehört auch dazu, aber das Leben, das in uns wohnt, ist der auferstandene Christus, der jetzt zur Rechten Gottes sitzt. Darum werden wir nicht gebeten, die Dinge nachzuahmen, die uns von Jesus von Nazareth überliefert wurden. Stattdessen sollen wir Jesus das tun lassen, was er schon immer getan hat – er selbst zu sein. Denn das möchte der auferstandene Christus in jedem Augenblick eines jeden Tages, durch unsere einzigartige Persönlichkeit.

Stellen wir uns einmal die Milliarden von einzigartigen Gemälden im Laufe der Menschheitsgeschichte vor – Bilder von unterschiedlicher Größe, Form und Beschaffenheit. Der Meistermaler will Ausdrucksformen seiner selbst auf dein Leben malen. Du sagst vielleicht:»Wer bin ich schon, dass ich Gottes Leben zum Ausdruck bringen kann?« Aber Gott möchte deinem Leben mit wunderschönen Pinselstrichen, die er zu einem Meisterwerk verbindet, seine Note verleihen. Obwohl Gott im Laufe der Geschichte schon unzählige Male sein Herz ausgedrückt hat, möchte er es unbedingt immer wieder aufs Neue tun, auf *deiner* Leinwand und auf meiner. Und jedes Mal wird daraus ein hochwertiges Kunstwerk und jedes Mal in einem anderen Stil.

27

Ich will eine Geschichte erzählen. Sie handelt von Steve und Andrea. Sie sind seit der Universität befreundet und haben sich vor Kurzem verlobt. Als sie ihren Pastor baten, sie zu trauen, empfand er es als Ehre, an diesem besonderen Tag dabei sein zu dürfen. Jeder wusste, dass die beiden wie füreinander geschaffen waren.

Doch dann, einen Tag vor der Hochzeit, stürzte Steve und starb noch auf der Stelle an einem Herzinfarkt. Er hatte noch nie zuvor Herzprobleme gehabt und es hatte keine Anzeichen gegeben, die auf einen so schockierenden Tod hingedeutet hätten. Das Schwierigste an der Sache war aber nicht sein Tod, sondern wie Andrea versuchte, damit klarzukommen.

Obwohl Steve offensichtlich tot war, rasten die Sanitäter mit ihm ins Krankenhaus. Andrea fuhr im Krankenwagen mit, aber als sie im Krankenhaus ankamen, war klar, dass es keine Hoffnung mehr gab. Der Pastor traf Andrea in der Notaufnahme, und die ersten Worte, die sie hervorbrachte, waren: »Ich will ihn trotzdem heiraten! Es ist mir egal, ob er tot ist. Ich liebe ihn immer noch. Und wir werden das jetzt durchziehen.« Ihr Pastor wusste nicht, was er darauf antworten sollte.

Vierundzwanzig Stunden später war der Zeitpunkt für die Hochzeit gekommen und Andrea hatte ihre Meinung nicht geändert. Sie bestand darauf, dass alles so durchgeführt wurde wie vorgesehen. Was als Hochzeit geplant war, sollte nun eine Kombination aus Beerdigung und Hochzeit werden. Zum ersten Mal überhaupt hielt der Pastor zwei Zeremonien gleichzeitig ab. Seine Anweisung lautete, Steves Leichnam zunächst dem Begräbnis zu übergeben und dann Steve und Andrea zu Mann und Frau zu erklären. Aus Sorge um Andrea war er bereit, beides zu tun.

Als die Feier begann, betrauerte die Hälfte der Anwesenden Steves Tod. Gleichzeitig vergoss Andreas Seite der Gemeinde Freudentränen über die Verbindung mit Steve. Und der Pastor stand zwischen den Stühlen und wusste nicht, wie er sich fühlen sollte. Der peinlichste Moment von allen war, als Andrea sich in den Sarg beugte, um ihren Bräutigam zu küssen, und dann hineinfiel!

Alles an dieser Geschichte ist frei erfunden. Aber ich möchte damit etwas Wichtiges deutlich machen: Wir heiraten keine Toten. Es wäre seltsam, wenn wir es täten. Aber sind wir nicht die Braut Jesu Christi? Aber er lebte doch vor zweitausend Jahren! Sind wir *geistlich* mit einem Toten verheiratet? Natürlich ist die Antwort Nein. Es ist wichtig zu begreifen, dass wir mit dem auferstandenen Christus vereinigt sind und nicht mit einem toten, religiösen Lehrer.

Manche Christen steigern sich fälschlicherweise in alles hinein, was der historische Jesus in den vier Evangelien getan hat. Wir lernen auswendig, was er gesagt und getan hat, und versuchen ihn so gut wie möglich nachzuahmen. Wenn wir uns vorstellen, dass wir die Braut Christi sind, denken wir vielleicht, dass wir nur mit Jesus von Nazareth verheiratet sind – dem Gottmenschen, der dreiunddreißig Jahre lang ein »gutes« Leben führte.

Aber die Bibel sagt, dass wir mit einem ewigen, auferstandenen Christus verheiratet sind.

Obwohl wir früher mit dem Gesetz verheiratet waren, sind wir durch unseren Tod davon »geschieden«. Jetzt sind wir wiedergeboren und mit einem himmlischen Ehemann verheiratet. Und unser Bund mit ihm gilt für immer.

*Also seid auch ihr, meine Brüder, dem Gesetz getötet worden durch den Leib des Christus, damit ihr **einem anderen zu eigen** seid, nämlich **dem, der aus den Toten auferweckt worden ist**, damit wir Gott Frucht bringen. (Röm 7,4)*

Alles, was wir brauchen, haben wir in unserem geistlichen Ehemann Jesus Christus. Wenn wir mit ihm verheiratet sind, müssen wir nicht mehr länger auf geistliche Reichtümer warten oder hoffen, wir brauchen noch nicht einmal darum zu bitten. Wir haben bereits alles, was wir hier und jetzt auf der Erde brauchen.

Wir sind also nicht nur mit einem Teil von Christus verheiratet oder mit seinen Lehren. Wir sind geistlich eins mit *allem,* was zu ihm gehört. Er stürzt nicht zu besonderen Zeiten vom Himmel herunter, um uns Rat zu geben. Stattdessen ist der gesamte Christus selbst vierundzwanzig Stunden am Tag, sieben Tage die Woche ohne Unterbrechung mit uns verbunden.

Fülle

Im Kolosserbrief enthüllt Paulus die erstaunliche Wahrheit, dass wir *alles* von Christus in uns haben: »Denn in ihm wohnt die ganze Fülle der Gottheit leibhaftig; und *ihr seid zur Fülle gebracht* in ihm, der das Haupt jeder Herrschaft und Gewalt ist« (Kol 2,9-10).

Fülle bedeutet, dass uns kein Teil der Person Christi fehlt. In Christus haben wir alles, was wir zum *Leben* und zur Gottesfurcht brauchen (2Petr 1,3). Das heißt nicht, dass wir nur gerade so viel haben, wie wir brauchen, um die Bibel zu verstehen oder um einen Gottesdienst abzuhalten. Gott hat uns viel mehr gegeben. In Christus finden wir alles, was wir für unser normales, tägliches Leben nötig haben. Gott weiß, was wir hier auf der Erde brauchen, und in dem Leben, das wir durch Christus haben, ist alles mit eingeschlossen:

Da seine göttliche Kraft uns alles geschenkt hat, was zum Leben und [zum Wandel in] Gottesfurcht dient, durch die Erkenntnis dessen, der uns berufen hat durch [seine] Herrlichkeit und Tugend ... (2Petr 1,3)

Das Bewusstsein, dass wir in Christus bereits *alles* haben, hat Auswirkungen bis in unseren Alltag hinein. Hätten wir nur eine Eintrittskarte für den Himmel, hätten wir nicht die Kraft, im Heute zu leben.

Erfüllung

Manchmal versuchen wir, gottesfürchtig zu leben, weil wir hoffen, uns damit eine Belohnung im Himmel zu verdienen. Doch es ist sehr schwierig, wenn nicht völlig unrealistisch, für etwas zu leben, das so weit in der Zukunft liegt. Die Idee, für eine zukünftige Belohnung zu leben, mag aus einer natürlichen Perspektive vielleicht praktisch klingen, hat aber keine Grundlage im Wort Gottes. Eigentlich gibt es nur eine Motivation dafür, jeden Tag aus dem Neuen Testament zu leben: Um der Mensch zu sein, der wir wirklich sind, und im Hier und Jetzt vom Leben Christi zu profitieren.

Paulus hält die Gläubigen dazu an, ihrer Berufung würdig zu wandeln (Eph 4,1). Im Römerbrief betont er, dass die Sünde uns keinen Vorteil verschafft und dass an ihrem Ende der Tod steht (Röm 6,21-23). Zu keiner Zeit werden wir dazu aufgefordert, ein rechtschaffenes Leben zu führen, um gerechter dazustehen oder Preise im Himmel einzusammeln. Ganz im Gegenteil! Wir werden dazu angehalten, eine wichtige geistliche Wahrheit zu begreifen: Wenn wir zu Jesus Christus kommen, empfangen wir sein Leben. Wir finden Erfüllung darin, diesem Leben Ausdruck zu verleihen.

> Wenn wir zu Jesus Christus kommen, empfangen wir sein Leben.

Ein uraltes Gespräch

Es kommt vor, dass wir etwas so oft hören, dass wir für die Worte und ihre Bedeutung taub werden. Der Ausdruck *wiedergeboren* wurde so oft gebraucht und manchmal auch missbraucht, dass viele seine wahre Bedeutung nicht mehr kennen. Doch es gibt darin etwas Wertvolles zu entdecken. Denn schließlich stammt er von Jesus selbst!

Hier ist ein uraltes Gespräch zwischen Jesus und einem ortsansässigen Gesetzesexperten:

Jesus antwortete und sprach zu ihm: Wahrlich, wahrlich, ich sage dir: Wenn jemand nicht von Neuem geboren wird, so kann er das Reich Gottes nicht sehen! Nikodemus spricht

zu ihm: Wie kann ein Mensch geboren werden, wenn er
alt ist? Er kann doch nicht zum zweiten Mal in den Schoß
seiner Mutter eingehen und geboren werden? Jesus antwor-
tete: Wahrlich, wahrlich, ich sage dir: Wenn jemand nicht
aus Wasser und Geist geboren wird, so kann er nicht in das
Reich Gottes eingehen! Was aus dem Fleisch geboren ist, das
ist Fleisch, und was aus dem Geist geboren ist, das ist Geist.
(Joh 3,3-6)

Zunächst müssen wir einmal alle landläufigen Vorstellungen zu dieser Stelle über Bord werfen. Dieses Gespräch hat nichts mit einer Taufe in H_2O zu tun. Hier spricht Jesus von zwei Geburten, die notwendig sind, um in das Königreich zu kommen. Die erste ist eine natürliche Geburt, also die Entbindung eines Babys von seiner menschlichen Mutter. Die zweite ist eine geistliche Geburt. Die natürliche Geburt wird auf zwei Weisen beschrieben: »aus Wasser geboren« und »was aus dem Fleisch geboren ist, das ist Fleisch«. Die geistliche Geburt wird ebenfalls auf zwei Weisen beschrieben: »aus Geist geboren« und »was aus dem Geist geboren ist, das ist Geist«.

Manche haben diese Stelle verwendet, um die These »keine Errettung ohne Wassertaufe« zu untermauern, aber nichts ist weiter von der Wahrheit entfernt als das. Jesus sagt, dass ein Baby im Mutterleib natürlicherweise von Wasser umgeben ist. An seinem *Geburts*tag wird es aus Wasser geboren. Wenn dieser Mensch an Jesus Christus glaubt, wird er buchstäblich ein zweites Mal geboren, dieses Mal geistlich. Gott gibt ihm einen neuen menschlichen Geist und Gottes eigener Geist kommt, um in ihm zu wohnen. Die Behauptung, man müsse im örtlichen Badesee untergetaucht werden, um geistlich wiedergeboren zu werden, wird vom Textzusammenhang dieser Stelle nicht gestützt.

Die Geburt eines Kindes ist ein wunderbares Ereignis. Ich werde nie den Tag vergessen, an dem unser Sohn Gavin zur Welt kam. Das Erstaunliche daran war, dass es schien, als käme etwas einfach aus dem Nichts. Über einen Zeitraum von neun Monaten hatte sich in einem Umfeld aus Wasser, aus einem Spermium und einer Eizelle, ein komplexes menschliches Wesen gebildet.

> Gott gebar uns buchstäblich durch seinen Geist.

Ich weiß noch, was meine Frau alles durchgemacht hat – die Übelkeit am Morgen, die schmerzhaften Wehen und die Freude, die durch die Geburt ausgelöst wurde. Dass ich das aus erster Hand miterleben durfte, schenkte mir eine ganz neue Erkenntnis darüber, was es bedeutet, wenn der Heilige Geist uns geistlich »gebiert«. Wenn Jesus die Errettung als Geborenwerden durch den Geist beschreibt, können wir daraus etwas Bemerkenswertes lernen. Denn wenn Gott uns buchstäblich durch seinen Geist gebar, was sagt das über unsere geistliche »Erbmasse«?

Das Paradoxon des Lichts

Um die Jahrhundertwende erforschten Physiker das Licht, um sein Wesen zu bestimmen. Einige brachten Beweise, dass Licht ein *Teilchen* ist, während andere bei ihren Experimenten mit dem Licht zum Schluss kamen, es sei eine *Welle*. Wenn Licht beispielsweise durch enge Schlitze fällt, produziert es wellenähnliche Muster, die dem ähneln, was wir im Meerwasser sehen. Doch wenn Licht auf Protonen oder Elektronen fällt, prallt es mit diesen Teilchen zusammen und wird weggeschleudert wie eine Billardkugel. Daher verhält es sich wie ein Teilchen.

Trotz dieser widersprüchlichen Befunde kläre ich dich aber gern über die wahre Natur des Lichts auf. Besteht Licht aus Teilchen oder aus Wellen? Die Antwort lautet definitiv *beides*. Ja, Licht ist ein Teilchen *und* eine Welle. Irgendwie ist es beides gleichzeitig. Aus der einen Perspektive gesehen, scheint es ein Teilchen zu sein. Aber gleichzeitig zeigen weitere Untersuchungen, dass es eine Welle ist.

Die Äußerungen unseres geistlichen Lebens können genauso verwirrend sein wie das Geheimnis des Lichts. Sollte es *Christus* in mir sein, der durch mich wirkt? Oder bin *ich* es – der ich in Christus bin –, der mein tägliches Leben lebt? Auch hier ist die Antwort wieder: *beides*.

> Es ist eine geistliche Einheit – ein Geheimnis, das verborgen war, aber jetzt offenbar wurde.

Genauso wie Licht sowohl Teilchen als auch Welle ist, ist es sowohl Christus in uns *als auch* wir selbst, die das christliche Leben führen. Es ist falsch zu sagen, es sei alles nur Christus und wir wären nur eine leere Hülle. Es ist aber auch falsch zu meinen, beim christlichen Leben ginge es allein um die Identität – und wir würden die Dinge selbst umsetzen. Stattdessen ist es eine geistliche Einheit, ein Geheimnis, das verborgen war, aber jetzt offenbar wurde. Wir sind eins mit Christus. Er ist unsere Kraftquelle und wir sind neu, gerecht und im Einklang mit ihm.

Ist er es oder bin ich es selbst? Wir sind es *beide*.

28

Anlage und Umwelt sind zwei ganz verschiedene Konzepte. Wissenschaftler versuchen herauszufinden, ob bestimmte Eigenschaften und Verhaltensweisen innerhalb einer Art angeboren (Anlage) oder anerzogen (Umwelt) sind. In vielen Gemeinden will man heute, so scheint es, das geistliche Wachstum durch *Erziehung* fördern. Wir werden dazu aufgefordert, uns auf unsere Umwelt zu konzentrieren, d. h. auf Kleingruppen, persönliches Bibellesen und besondere Ereignisse, die uns dazu anspornen, uns neu hinzugeben.

> Christliche Gemeinden funktionieren heute oft genauso wie jede andere werteorientierte soziale Gruppe.

Natürlich können einige dieser Dinge hilfreich sein. Aber fällt dir nicht etwas auf? Die Bibel spricht davon, dass wir uns der Sünde für tot halten und erkennen sollen, dass Gott uns auferweckt und mit ihm in sein Reich versetzt hat (Röm 6,11; Eph 2,6). Im Licht dieser Wahrheiten über unsere *Anlage* werden wir aufgefordert, die Sünde nicht über uns herrschen zu lassen und nach dem zu trachten, was droben ist

(Röm 6,12; Kol 3,2). Es geht hier also *nicht* um Anerzogenes, sondern um Angeborenes.

Viel zu oft erlebe ich heute, dass christliche Gemeinden genauso funktionieren wie jede andere werteorientierte soziale Gruppe. Es ist an der Zeit aufzuwachen und zu erkennen, dass aus dem Geist geboren sein bedeutet, dass wir ein erstaunliches Leben in uns tragen. Weil wir *bereits* in unserem Inneren anders sind, können wir nach außen hin anders leben.

Vom Anfang bis zum Ende

Wir Menschen sind schnell dabei, unsere Strategien zu ändern. Wenn eine Methode nicht sofort zum Erfolg führt, entscheiden wir uns für eine andere. Nach der Errettung wird mancher ungeduldig über Gottes natürlichen Wachstumsplan und wendet sich alternativen *Reifungs*methoden zu. Aber der wahre Weg zum Wachstum ist ziemlich klar: »*Wie ihr nun* Christus Jesus, den Herrn, *angenommen habt, so wandelt auch* in ihm« (Kol 2,6).

> Die Botschaft »Jesus und sonst nichts« ist für viele zu schwer zu schlucken.

Wie haben wir Christus Jesus denn angenommen? Wir haben die Wahrheit gehört und sie geglaubt. Und wie wachsen wir in ihm? Indem wir uns der Wahrheit *aussetzen* und *unser Denken* auf die Wahrheit *ausrichten*.

Eigentlich ganz einfach, oder nicht? Warum aber will man oft nicht wahrhaben, dass dies der Weg zum Wachstum ist? Vielleicht, weil es *zu* einfach ist. Vor fast zweitausend Jahren machte sich der Apostel Paulus bereits Sorgen darüber, die Gläubigen könnten sich von dieser einfachen Botschaft abwenden und einem anderen Evangelium zuwenden – einem Evangelium, das in Wirklichkeit überhaupt keines war. Dieselben Sorgen würde er sich heute auch machen.

Die Botschaft, vom Anfang bis zum Ende »Jesus und sonst nichts« ist für uns oft schwer zu schlucken. Viel lieber springen wir durch jeden Reifen, den man uns hinhält, um Gott zu beeindrucken. Wir glauben zwar, dass wir unsere Errettung und unseren Platz im Himmel alleine ihm verdanken. Aber was das tägliche Leben anbelangt, können wir uns kaum vorstellen, dass er unsere Quelle sein und die Lasten tragen will.

Zum Gedenken

Wachstum geschieht nicht, weil wir uns noch mehr anstrengen. Es erfolgt auch nicht nach dem Motto »zwei Schritte vorwärts und ein Schritt zurück«. Echtes Wachstum erleben wir da, wo uns bewusst ist, wer wir *bereits* sind und was wir in Christus *bereits* haben.

Christen sollten nicht passiv herumsitzen und darauf warten, etwas Neues zu empfangen – mehr Reinigung, mehr vom Heiligen Geist oder mehr von irgendetwas, von dem eine neue angesagte Lehre gerade behauptet, es würde uns fehlen. Wir haben alles, was wir für ein Gott gefälliges Leben brauchen. Wir haben ein unerschütterliches Reich, einen ewigen Bund und jeden geistlichen Segen. Wir sind vollständig und es fehlt uns an nichts. Die einzige logische Reaktion darauf ist, dass wir unser Leben damit zubringen, einander an diese außergewöhnlichen Wahrheiten zu erinnern und Gott zu danken.

Bitten und Besitzen sind absolute Gegensätze. Wenn jemand in Christus ist, ist er ein Besitzer und kein Bittsteller. Im Abendmahl wird das ganz deutlich. Wir sollten nicht daran teilnehmen, um etwas zu bekommen, sondern sollten es viel mehr *zum Gedenken* an Jesus Christus feiern. So wie diese Feier sich nur auf das vollbrachte Erlösungswerk Christi gründet, sollten wir alles, was wir tun, im Lichte dessen tun, was er bereits getan hat.

Wenn wir beispielsweise Gott für jede geistliche Segnung danken und ihn dann um mehr Geduld bitten, klammern wir »Christus in uns« damit aus. Ist Geduld nicht ein Teil dessen, was wir für ein Gott gefälliges Leben brauchen? Ist uns nicht alle Geduld bereits eingepflanzt worden? In der Bibel beantwortet Gott diese Frage mit einem klaren Ja. Weil wir Christus selbst in uns haben und es ihm nicht an Geduld fehlt, haben wir bereits alles, was wir brauchen.

Gott an die erste Stelle setzen?

Ich finde es irgendwie amüsant, wenn ich höre, wir sollten *Gott an die erste Stelle setzen*. Was steht denn dann an zweiter Stelle? Erst Gott, als Zweites das Vaterland und als Drittes die Familie? Auch wenn uns andere Dinge wichtig sein können, gehört Jesus nicht auf eine Liste mit anderen Dingen. Er hat eine Sonderstellung. Denn er ist »unser Leben« (Kol 3,4), er ist bei uns, in uns, mit uns verbunden und in jedem Bereich unseres Lebens gegenwärtig. Er ist alles für uns: »Denn für mich ist Christus das Leben, und das Sterben ein Gewinn« (Phil 1,21).

Ist dir aufgefallen, dass der Apostel nicht sagt, Christus sei ihm wichtig? Er sagt: »Christus ist das Leben.« Paulus versucht nicht, Christus zwischen anderen Dingen einen angemessenen

Platz einzuräumen. Stattdessen erkennt er an, dass Christus alles für ihn *ist*. Wir nicken vielleicht zustimmend und sagen: »Ja, Christus ist alles für mich.« Aber begreifen wir die Wahrheit, dass Christus direkt unter uns Menschen wohnt? Ja, dass er geradezu mit uns verschmolzen ist? Im folgenden Vers will Paulus mit einigen radikalen Aussagen unsere Aufmerksamkeit fesseln:

Ich bin mit Christus gekreuzigt; und nun lebe ich, aber nicht mehr ich [selbst], sondern Christus lebt in mir. Was ich aber jetzt im Fleisch lebe, das lebe ich im Glauben an den Sohn Gottes, der mich geliebt und sich selbst für mich hingegeben hat. (Gal 2,20)

Paulus behauptet, dass er in gewissem Sinne mitgekreuzigt wurde und dass als Folge Christus nun in ihm lebt. Viele Menschen finden, wenn das überhaupt wahr sei, könne es nur symbolisch gemeint oder aber Wahnsinn und darum gar nicht wahr sein. Aber weniger zu behaupten bedeutet, nur einen Teil des Evangeliums anzunehmen. Der Kern des Neuen ist doch gerade, dass wir durch Christus das empfangen, was wir durch Adam verloren haben, nämlich die reale Gegenwart Gottes.

> Christus wohnt direkt unter uns Menschen.

Das ist *echtes* Christsein. Die Verheißung des Himmels bringt unser Leben nicht in Ordnung. Ein Buch zu lesen, das Gott selbst geschrieben hat, auch nicht. Unser Leben wird auch nicht heil, wenn wir jede Woche Zusammenkünfte in einem Gebäude besuchen, und nicht einmal, wenn wir unser Verhalten drastisch ändern. Das alles kann natürlich die *Folge* sein, wenn unser Leben wiederhergestellt ist. Aber es ist gewiss kein Lebenszweck und auch nicht der Beweis dafür, dass wir das Leben haben. Unser Leben kommt dann in Ordnung, wenn Gott selbst durch die Person Jesus Christus in uns wohnt. Alles andere ist nur schwache Religiosität.

Klassische Gitarre

Als ich mich für mein letztes Semester auf der Universität einschrieb, fehlten mir für meinen Abschluss nur noch wenige Credit Points zum Examen. Um meine damalige Freundin zu beeindrucken, beschloss ich, einen Kurs in klassischer Gitarre zu belegen. Doch wenn es irgendetwas gibt, das ich *nicht* bin, dann musikalisch.

»So schwer wird es nicht sein«, dachte ich. Ich machte vielleicht Augen! Meine Gitarrenlehrerin gab mir für das Semester nur eine Aufgabe – ich sollte die Einleitung von »Dust in the Wind« spielen. Das wäre die Abschlussprüfung, also übte ich das ganze Semester. Tag für Tag übte ich die Griffe und bewegte meine Finger so schnell und genau, wie ich konnte.

Nach Monaten des Übens kam der Tag der Prüfung. Ich marschierte mit der Gitarre in der Hand hinein und setzte mich, um zu spielen. Nach ungefähr zehn Sekunden verspielte ich mich und musste noch einmal beginnen. Ich fing wieder von vorne an, denn so hatte ich mir die Fingerbewegungen eingeprägt. Nach zehn Sekunden kam ich wieder raus. Ich konnte mich einfach nicht daran erinnern, welche Saite ich als Nächstes zupfen musste. Bei zwei weiteren Versuchen passierte dasselbe. Schließlich gab ich auf. Ich dankte der Professorin für ihre Unterstützung während des Semesters und ging hinaus.

Auf dem Weg zum Auto liefen mir Tränen der Enttäuschung übers Gesicht. Egal, wie sehr ich mich auch anstrengte, ich war kein Gitarrist. Ich war einfach vollkommen unmusikalisch. Ich konnte zwar versuchen, mechanische Bewegungen auf der Gitarre einzuüben, aber das Gitarrespielen selbst lag mir einfach nicht.

Ich erzähle meine traurige Begegnung mit der klassischen Gitarre, um etwas ganz Bestimmtes deutlich zu machen: Wenn wir auf mechanische Weise an das Christsein herangehen und versuchen, die Taten Jesu in den Evangelien zu kopieren, werden wir unweigerlich versagen. Die Philosophie des »Was würde Jesus tun?« ist nicht dasselbe wie der Ansatz »Christus in dir«. Wir sind dazu aufgerufen, nach innen zu schauen, um dort das Leben zu entdecken, das uns als neue Schöpfung angeboren ist, und aus diesem Leben zu schöpfen. Wenn wir die *Taten* anderer Menschen kopieren, selbst die Taten des Jesus aus den Evangelien, ist das nichts anderes als ein oberflächlicher, mechanischer Akt, der keinem Druck standhält. So wie all meine Griffübungen auf der Gitarre zum Scheitern verurteilt waren, verblasst das bloße Nachahmen christlicher Aktivitäten neben der Erfahrung, dass das Leben Christi ganz natürlich aus unserer Persönlichkeit herausfließt.

> Wenn wir die *Taten* anderer Menschen kopieren, selbst die Taten des Jesus aus den Evangelien, ist das nichts anderes als ein oberflächlicher, mechanischer Akt.

Im Gegensatz zu meiner Erfahrung mit der klassischen Gitarre lautet die gute Nachricht für uns, dass wir sehr wohl »musikalisch« sind. Wir sind der göttlichen Natur teilhaftig geworden (2Petr 1,4). Und das Leben Christi durch uns, das passt uns wie angegossen.

Das Geheimnis

Wenn du geistlich mit Christus verbunden bist, dann hast du dich auf ein Geheimnis eingelassen. Dieses Geheimnis ist die Fülle des Evangeliums. Jede Botschaft, die nicht dieses Geheimnis vermittelt, verkündet nicht das ganze Evangelium. Unter dem Alten war dieses Geheimnis Jahrtausende lang nicht bekannt, aber unter dem Neuen wurde es offenbart:

*Deren Diener bin ich geworden gemäß der Haushalterschaft, die mir von Gott für euch gegeben ist, dass ich das Wort Gottes voll ausrichten soll, [nämlich] **das Geheimnis, das verborgen war,** seitdem es Weltzeiten und Geschlechter gibt, das jetzt aber seinen Heiligen offenbar gemacht worden ist. (Kol 1,25-26)*

Was könnte geheimnisvoller sein, als der göttlichen Natur teilhaftig zu werden? Durch die geistliche Einheit mit Christus wird dieses Geheimnis für uns zur Realität.

*Ihnen wollte Gott bekannt machen, was der Reichtum der Herrlichkeit dieses Geheimnisses unter den Heiden ist, nämlich: **Christus in euch,** die Hoffnung der Herrlichkeit. (Kol 1,27)*

Es ist frustrierend, unter einem falschen Glaubenssystem zu leben und nicht zu wissen, warum es nicht funktioniert. Ich weiß es, denn ich habe es erlebt. Aber die Botschaft »Christus in dir« ist das Echte – das Wort Gottes in seiner *Fülle.*

Die heutige Alternative ist eine Schmalspurbotschaft. Von allen Seiten werden wir von einem glanzlosen Evangelium überflutet, das eine teilweise Vergebung vertritt, durch Druck Verhaltensänderung erreichen will und Belohnungen im Himmel oder die Barauszahlung hier auf Erden verspricht. Dieses Zerrbild ist der Grund dafür, dass die Gemeinde sich oft kaum noch von der Welt unterscheidet. Es ist darum an der Zeit, wenn nötig, neu zu beginnen und das Echte zu suchen.

Jesus Christus *in* uns als Quelle für das tägliche Leben ist unsere einzige Hoffnung auf echte Veränderung.

29

Natürlich machen wir aus der Abhängigkeit von dem in uns wohnenden Christus manchmal trotzdem eine Gelegenheit zur Selbstprüfung und Innenschau. Und das ist dann kein bisschen besser als jede andere religiöse Regung: »Bin ich noch in ihm? Was muss ich tun, um besser in ihm zu bleiben?«

Mir ist aufgefallen, dass der Begriff *bleiben* oft von denen verwendet wird, die etwas tun wollen, damit Christus weiter durch sie lebt. Das Wort *bleiben* bedeutet aber nichts weiter als »leben« und Christus lebt *bereits* in uns Christen! Manche verstehen darunter mehr als das, was Jesus gemeint hat. Dass Christus in uns bleibt, ist eine Wahrheit und nicht ein Befehl an uns, unseren Teil dazu beizutragen. Natürlich gibt es immer wieder Momente, in denen wir uns dafür entscheiden müssen, im Glauben zu wandeln. Aber die Religion des »Ich muss Christus dazu *bringen*, in mir zu bleiben« ist eine Art Egoismus, der von dem Neuen nicht beabsichtigt ist. Deshalb möchte ich jetzt auf einige Aspekte dieses Phänomens, dass Christus durch uns lebt, näher eingehen.

Ein Wissen

Wenn du Christus empfangen hast, dann lebt er in dir, was auch immer kommen mag. Ob er jetzt gerade auch durch dich lebt oder nicht, ist nur eine Entscheidung entfernt. Der Heilige Geist übermannt dich nicht und schaltet auch nicht deinen Willen aus, sondern möchte, dass du auf seine Leitung reagierst. Das bedeutet, dass Christus durch dich lebt. Es ist ganz einfach und gar

> Dass Christus durch uns lebt, ist kein Gefühl.

nicht kompliziert. Denn im Grunde ist dein gesamtes Innenleben so geschaltet, dass dies geschieht. Wenn du Christus erlaubst, dich zu führen und durch deine Persönlichkeit zu fließen, dann erfüllst du deine Bestimmung.

Dass Christus durch uns lebt, ist kein Gefühl. Wir streben hier nicht nach einer emotionalen Erfahrung. Christus durch uns leben zu lassen bedeutet eigentlich nur, dass wir wissen, wer wir sind, und dass wir wir selbst sind. Weil Christus unser Leben ist, die Quelle echter Erfüllung, sind wir nur zufrieden, wenn wir ihn durch uns fließen lassen. Wenn wir das tun, dann kommt auch die Person zum Ausdruck, zu der Gott uns gemacht hat.

Gott überfährt uns nicht. Wir müssen aber auch nicht alleine mit dem Leben klarkommen und versuchen, fromm zu sein. Das eine wie das andere kann zu einem falschen Verständnis des Evangeliums führen. Wir sollen einfach wissen, dass Gottes Sohn in uns, durch uns und mit uns zusammen wirkt, weil wir geistlich eins mit ihm sind. Christus durch uns leben zu lassen beginnt mit dem Wissen, dass sein Leben in uns wohnt.

Mit dem *Wissen*, nicht mit dem Gefühl.

Genau wie du

Alle anderen sehen dabei niemanden außer dir. Und so soll es auch sein! Erwarte nicht, dass die Menschen zu dir gerannt kommen und dir jede Menge Fragen stellen, weil ihnen aufgefallen ist, wie sehr du Jesus ähnlich bist. Manche Menschen haben ein bestimmtes Bild im Kopf, wenn sie an Jesus Christus denken. Und das hat vielleicht wenig oder nichts mit dem zu tun, was der Heilige Geist in dir tut.

Paulus sagt, der Schatz des Lebens Christi sei in »irdenen Gefäßen«, damit wir daran erinnert werden, dass Gott der Ursprung ist und nicht wir selbst (2Kor 4,7). Manche merken vielleicht, dass wir ein Gefühl des Friedens und der Ruhe ausstrahlen. Vielleicht fällt ihnen auch auf, dass wir in bestimmten Situationen anders reagieren. Oder womöglich merken sie gar nichts. Die verbreitete Meinung, wir würden im Glashaus sitzen und jeder würde uns genau beobachten, stimmt nicht mit der Realität überein. Tatsache ist, dass die meisten Menschen genug zu tun haben mit sich selbst! Doch du bist dir dieses Lebens, das du in dir trägst, sehr bewusst – und das ist das Allerwichtigste.

Innerhalb der Wohlfühlzone

Wenn uns der Gedanke, dass »Christus durch mich« lebt, beängstigend erscheint, dann beruht das auf einem falschen Verständnis von Gottes Wesen. Was könnte man denn an einem Gott nicht mögen, der immer für uns ist und nichts gegen uns hat? Wenn wir zögern, ihm unser tägliches Leben auszuliefern, dann doch nur deshalb, weil wir seiner Güte noch nicht vertrauen.

Klar, wir wissen wahrscheinlich, dass Gott gut ist. Aber der Gedanke »Gott ist immer gut zu *mir*« ist etwas ganz anderes. Die Angst davor, uns ganz auf Christus zu verlassen, könnte auch daher kommen, dass uns gar nicht klar ist, wie sehr er sich an uns freut. Er will doch nicht unsere Einzigartigkeit auslöschen und uns zu Klonen machen. Er kennt unsere Hobbys, Interessen und unseren Sinn für Humor und will genau dadurch wirken und sein Leben zum Ausdruck bringen.

> Der Gedanke »Gott ist immer gut zu *mir*« ist etwas ganz anderes.

Ich höre oft, wie mit Nachdruck behauptet wird, Gott müsse uns aus unserer Wohlfühlzone herausholen. Gewiss, es ist dem Christen nicht verheißen, dass immer alles glatt und einfach gehen wird. Aber wir müssen wissen, dass wir neu gemacht wurden, um Gott sichtbar zu machen. »Christus durch uns« liegt innerhalb unserer Wohlfühlzone. Wir sind dazu gemacht, um ihm Ausdruck zu verleihen. Alles andere ist für uns unnatürlich und unbequem.

Wollen und Vollbringen

Gott zwingt uns nicht dazu, Dinge zu tun, die wir gar nicht tun möchten. Stattdessen sagt die Bibel, dass er in uns das Wollen und das Vollbringen bewirkt, damit wir seine gute Absicht erfüllen (Phil 2,13). Das bedeutet, dass wir selbst das wollen, was Gott will. Wenn uns etwas nicht auf dem Herzen liegt, dann ist es nicht von ihm.

Gott wirkt durch unser Herz und unseren Verstand, um uns dazu zu bringen, dass wir auf seinen Wegen gehen. Er verlangt nicht von uns, ein Leben zu leben, das wir nicht wollen. Im Gegenteil, er hat die Wünsche Christi in uns hineingelegt und wir sind nur dann glücklich, wenn wir sie erfüllen. Ob wir uns dessen bewusst sind oder nicht, unser größter Wunsch ist es, Christus in jedem Augenblick Ausdruck zu verleihen.

> Jesus zeigte, dass die Menschheit fähig ist, das Göttliche sichtbar zu machen.

Wenn die Menschen das Wort *Hingabe* hören, meinen sie manchmal, ihr ganzes Leben würde davon abhängen, ob sie sich jetzt entscheiden, aufs Missionsfeld zu gehen oder nicht. Doch diese Vorstellung ist irreführend, da die meisten Gläubigen sich einfach da einfügen sollen, wo sie sind, und Christus in ihren aktuellen Lebensumständen erleben, anstatt diese zu ändern. Auch wenn mancher schließlich doch Beruf oder Wohnort wechselt, sollen doch die meisten von Gottes Kindern in der Umgebung bleiben, die sie bereits kennen.

Kann Christus durch dein aktuelles, tägliches Leben sein Leben leben? Oder muss er erst die Umstände ändern, damit du glauben kannst, dass er durch dich leben kann? Wir müssen begreifen, dass Christus mit unserem Menschsein vereinbar ist, ganz gleich, wo wir sind und was unser tägliches Leben so alles mit sich bringt.

Ein Grund, warum Jesus als Baby geboren wurde und dreiunddreißig Jahre als echter Mensch lebte, war, um zu zeigen, dass die Menschheit fähig ist, das Göttliche sichtbar zu machen.

Brauchst du Beweise?

Die Vorstellung, dass Jesus durch unsere Persönlichkeit lebt, kann natürlich dazu führen, dass wir uns irgendwie messen. Manchmal fangen die Leute an, sich ständig selbst zu prüfen: »Bin ich abhängig genug? Lebt Jesus wirklich durch mich? Habe ich genügend Werke, die das zeigen?« Und vielleicht kein anderer Abschnitt schürt diese Innenschau mehr als Jakobus 2. Deshalb sollten wir uns einmal genauer anschauen, in welchem Zusammenhang dieses Kapitel über Glaube und Werke tatsächlich steht. Sagt uns Jakobus wirklich, wir sollten unsere christliche Erfolgsbilanz prüfen um festzustellen, ob wir glauben? Sollen wir uns tatsächlich in solch einem Maße selbst prüfen? Oder geht es in diesem bemerkenswerten Kapitel nicht um etwas ganz anderes?

Schon viele hatten ihre Probleme mit dieser Stelle. Martin Luther war wegen dieses Abschnitts über Glaube und Werke sogar der Auffassung, der Jakobusbrief gehöre eigentlich gar nicht in die Bibel! Zugegeben, auf den ersten Blick ist es nicht einfach, die Aussagen von Jakobus 2 mit beispielsweise dem Römerbrief zusammenzubringen, wo es heißt, dass wir allein durch Glauben gerechtfertigt sind und nicht aus Werken (Röm 3,28; 9,30-32).

Jakobus 2 sagt ganz klar, wir werden auch aus Werken gerechtfertigt und nicht nur durch den Glauben. Wenn wir uns um diese Stelle herumwinden und sagen, dass sie sich auf die Werke nach unserer Errettung bezieht, ist das nicht richtig. Denn Jakobus fragt ausdrücklich: »Kann ihn denn dieser Glaube retten?« (Jak 2,14). Außerdem geht er mehrfach auf die Frage ein, dass wir vor Gott gerechtfertigt werden – eine Stellung, die wir bei unserer Errettung einnehmen. Zweifellos sagt Jakobus, dass wir aus Werken gerechtfertigt werden und nicht allein aus Glauben. Aber die Frage lautet: Was genau meint Jakobus mit »Werken«?

Ich glaube, der Schlüssel zum Verständnis dieser Stelle liegt darin, nicht unser Denken des 21. Jahrhunderts anzuwenden, vor allem, was den Begriff der *Werke* anbelangt. Anstatt zu denken, *Werke* sei ein Synonym für eine Liste aller unserer religiösen Aktivitäten, sollten wir den biblischen Text befragen und den Autor selbst den Begriff bestimmen lassen. Jakobus' Verwendung des Begriffs *Werke* unterscheidet sich nämlich ziemlich von unserer heutigen.

> Der Zweck von Jakobus 2 ist zu zeigen, dass ein Glaube ohne Entscheidung oder Antwort toter Glaube ist.

Jakobus erklärt, dass sogar Dämonen die Grundlagen des Christentums glauben – dass es einen Gott gibt und so weiter (2,19). Er zeigt uns, dass es ein Unterschied ist, ob man aus totem Glauben heraus zustimmend mit dem Kopf nickt oder ob man lebendigen Glauben zum Ausdruck bringt. Der Sinn dieser Stelle ist zu vermitteln, dass ein Glaube ohne Entscheidung oder Antwort toter Glaube ist.

Jakobus verwendet zwei Beispiele aus dem Alten Testament, um die Rechtfertigung aus Werken zu erklären: Rahab und Abraham. Beide reagierten aktiv auf die Botschaft Gottes. Sie lehnten sich nicht passiv zurück und behaupteten dabei, sie glaubten Gott. Rahab entschloss sich, den Spionen ihre Tür zu öffnen (Jos 2,1), und Abraham entschied sich, seinen Sohn auf dem Altar zu opfern (1Mo 22,3). Sie gingen über die bloße intellektuelle Zustimmung hinaus und taten etwas als Reaktion auf Gottes Botschaft.

Aber wie oft hat Rahab ihre Tür geöffnet? Einmal. Und wie oft hob Abraham seinen Sohn Isaak auf den Altar? Einmal. Darum hat der Begriff Werke an dieser Stelle *nichts* mit einer lebenslangen Erfolgsgeschichte des Wohlverhaltens zu tun. Es geht eigentlich nur darum, wie wichtig es ist, auf die Wahrheit zu reagieren – etwas zu tun, was über ein intellektuelles Bejahen hinausgeht. Jakobus 2 kann folgendermaßen zusammengefasst werden:

- Wir werden aus Werken gerechtfertigt (aber Werke müssen im Zusammenhang begriffen werden).
- Werke sind wie das, was Rahab und Abraham taten.
- Zum lebendigen Glauben gehört, eine Tür zu öffnen (die deines Lebens) – ein Werk.
- Zum lebendigen Glauben gehört, jemanden zu opfern (dich selbst) – ein Werk.
- Zu einem lebendigen Glauben gehört also eine Entscheidung – ein Werk.
- Jeder Glaube ohne Entscheidung ist nur ein toter Glaube.

Jakobus 2 zeigt, dass eine persönliche Entscheidung notwendig ist, damit echte Errettung geschehen kann. Die, die vom Glauben abzufallen scheinen, sind wohl jene, die sich aus irgendwelchen Gründen nur bestimmten Lehren angeschlossen haben. Dann kann es schon sein, dass sie dem Christentum als Bewegung den Rücken kehren und sich auch von den Christen abwenden, manchmal aufgrund von Enttäuschung und Verbitterung. Aber sie wenden sich nicht von Christus ab; sie haben ihn ja nie gekannt. Bestimmten Lehren zuzustimmen ist eines, aber die Tür seines Lebens zu öffnen und das Leben Christi zu empfangen ist etwas völlig anderes.

Im Zusammenhang gesehen steht Jakobus 2 also nicht im Widerspruch zum Römerbrief oder all den anderen Stellen, in denen es um den Glauben geht. Wir müssen erkennen, dass dieser Abschnitt in Jakobus wohl *nichts* mit irgendetwas nach der Errettung zu tun hat. Es geht hier ganz konkret um die Frage:»Kann solcher Glaube ihn etwa retten?« (Jak 2,14 NEÜ). Von daher müssen wir den Begriff *Werke* so verstehen, wie Jakobus ihn verwendet hat, indem wir die Beispiele zurate ziehen, die er gebrauchte. Jakobus will die bloße intellektuelle Zustimmung einem aktiven, rettenden Glauben gegenüber stellen, zu dem es gehört, das Leben Christi zu empfangen. Hast du wie Rahab die Tür geöffnet, als Christus davorstand und klopfte? Wenn ja, dann hast du meiner Meinung nach die »Bedingungen« dieser im Lauf der Geschichte heftig diskutierten Stelle über Glauben und Werke erfüllt.

> Wenn du die Tür deines Lebens geöffnet hast, dann hast du meiner Meinung nach die Bedingungen von Jakobus 2 erfüllt.

Jakobus 2 lädt uns nicht ein, uns selbst zu prüfen und die lange Liste unserer guten Werke durchzugehen; im Zusammenhang gesehen geht es eher darum, zwischen einem toten Glauben (einer lediglich intellektuellen Behauptung) und einem lebendigen Glauben (einer echten Überzeugung, der eine *Entscheidung* folgt) zu unterscheiden.

Wir dürfen nie vergessen: Die Wahrheit soll uns *frei* machen!

Teil 7

Angriff auf unser Ego

Es kann gefährlich sein,
die Errettung richtig zu lehren.
D. Martyn Lloyd-Jones (1899–1981)

30

Während meiner Zeit als Professor an der University of Notre Dame lebten wir in einem Haus in South Bend, das über drei Schlafzimmer verfügte. Die beiden freien Schlafzimmer dienten ganz bestimmten Zwecken. Das eine war für Gäste und das andere mein Büro. Das Gästezimmer hielten wir immer tipptopp in Ordnung, nur für den Fall der Fälle. Wir wussten ja nie, wann wir mal einen Überraschungsgast haben würden. Mein Büro dagegen war das reinste Chaos. Alte Bücher, Unterlagen und Geräte lagen im Raum verstreut. Es war schwierig, sich durch das Zimmer zu bewegen, ohne irgendwo draufzutreten.

Nun stell dir vor, du würdest durch unseren Flur gehen. Und nehmen wir an, du willst etwas wegwerfen. Wo würdest du deinen Müll am ehesten entsorgen? Im Gästezimmer? Oder in meinem Büro? Im Büro vermutlich. Nun, vielen Dank. Wirklich nett von dir! Nein, ich kann ja verstehen, warum du dir mein Büro ausgesucht hast. Es ist sowieso schon zugemüllt.

Während du darüber nachdenkst, möchte ich dich etwas Wichtiges fragen: Welches Zimmer bist *du* – das dreckige Büro oder das tadellose Gästezimmer? Wie siehst du dich selbst? Deine Antwort auf diese Fragen bestimmt, was du mit dem Müll machst, der dir über den Weg läuft.

Stell dir vor, ein sündhafter Gedanke läuft durch den Flur deines Verstandes. Wenn du das schmutzige Büro bist, warum solltest du dann nicht noch ein weiteres Stück Müll auf den Haufen werfen? Du bist sowieso schon schmutzig, also spielt das jetzt auch keine Rolle mehr. Aber wenn du das saubere Gästezimmer bist, dann passt der Abfall dort wohl eher nicht hin. Er ist fehl am Platz.

Unsere Stellung als gerechtfertigte Heilige, denen völlig vergeben wurde, wird uns aus einem bestimmten Grund schon gegeben, bevor wir in den Himmel kommen. Denn es geht um unser tägliches Leben. Wie nehmen wir uns selbst wahr – in dem Moment, in dem ein sündiger Gedanke auftaucht? Als schmutzig oder sauber? Sündig oder gerecht? Sünder oder Heiliger? Wenn wir schmutzige Sünder sind, wieso sollten wir dann nicht noch mehr Sünde auf den großen Haufen werfen? Aber wenn unser Sündenregister ausgelöscht wurde und wir jetzt gerecht sind wie Christus, dann passt die Sünde einfach nicht mehr.

Sie ist fehl am Platz.

> Manche haben Angst, die Lehre über den neuen Bund würde irgendwie dazu führen, dass man mehr sündigt.

Ein Leben lang sauber

Manche haben Angst, die Lehre über den neuen Bund würde irgendwie dazu führen, dass man mehr sündigt. Nichts könnte weiter von der Wahrheit entfernt sein. Gott selbst hat erklärt, dass das Bewusstsein über unseren reinen Zustand der Weg ist, damit sich das Verhalten ändern kann. Ja, alles andere als dieser innere Antrieb für ein aufrechtes Leben ist kein praktiziertes Evangelium.

Im Folgenden geht es um zwei Bibelstellen, die das Wissen um unsere Vergebung und unsere neue Identität in einen direkten Zusammenhang mit unseren täglichen Entscheidungen stellen. Es ist leicht zu erkennen, dass unser Wissen über unsere geistliche Zustand unsere Taten direkt beeinflussen kann:

Strengt euch deshalb an, diese Zusagen Gottes in eurem Glauben zu leben. Dann zeigt sich euer Glaube durch ein vorbildliches Leben. Ein vorbildliches Leben aber führt zur tieferen Erkenntnis Gottes. Aus der Erkenntnis Gottes folgt Selbstbeherrschung. Aus der Selbstbeherrschung wächst Geduld und aus der Geduld ein Leben im Glauben zur Ehre Gottes. Aus der Ehrfurcht vor Gott entspringt die Liebe zu den Gläubigen, und aus dieser schließlich die Liebe zu allen Menschen. Je mehr ihr in dieser Hinsicht vorankommt, desto mehr werdet ihr mit Hilfe der Erkenntnis von Jesus Christus, unserem Herrn, ein sinnvolles, auf andere ausstrahlendes Leben führen. Wer so nicht handelt, der ist blind oder zumindest sehr kurzsichtig. Solche Leute haben schon **vergessen, dass Gott sie von ihrem früheren Leben, das voll Schuld war, rein gewaschen hat.** *(2Petr 1,5-9 NLB)*

Denn wer [nur] Hörer des Wortes ist und nicht Täter, der gleicht einem Mann, der sein natürliches Angesicht im Spiegel anschaut; er betrachtet sich und läuft davon und hat bald **vergessen, wie er gestaltet war.** *(Jak 1,23-24)*

Wovor haben wir eigentlich Angst, wenn es darum geht zu glauben, dass wir rein und gerecht sind, auch ohne unser tägliches Sündenbekenntnis und ohne darum zu bitten? Glauben wir wirklich, wir würden deshalb mehr sündigen? Was ist der Unterschied, ob man zuerst sündigt und dann um Vergebung bittet oder ob einem bereits vergeben ist und man dann sündigt? Ist das eine etwa irgendwie demütiger oder geistlicher als das andere?

Tatsächlich werden wir nicht mehr Zeit mit Sündigen verbringen, wenn wir Gott darin zustimmen, dass das Opfer seines Sohnes ein für allemal genügt. Im Gegenteil. Wir beginnen zu begreifen, dass wir vor Gott ohne Schuld sind. Wir sehen, dass Jesus Christus alles vollbracht hat und deshalb an jedem Tag und jeden Augenblick in uns bleibt, komme was da wolle. Mit dem Bewusstsein dieser bedingungslosen Gegenwart kommt die Kraft, zur Sünde Nein zu sagen.

Im Epheserbrief spricht Paulus von einer Haltung der Vergebung und dass wir anderen nichts nachtragen sollen. Seine Begründung ist, dass wir von unserem himmlischen Vater dasselbe erfahren haben: »Seid aber gegeneinander freundlich und barmherzig und vergebt einander, gleichwie auch Gott euch vergeben hat in Christus« (Eph 4,32). Im Wesentlichen sagt Paulus: »Gebt es weiter!«

Da wir bereits untersucht haben, dass die Vergebung in Christus tatsächlich ein für alle Mal erfolgt ist, kann diese Stelle noch viel mehr bedeuten. Gott hat pauschal erklärt, dass er uns unsere Fehler nicht vorhält. Wir können sie gar nicht wieder gutmachen. Er hat uns unsere Schuld erlassen, selbst wenn wir immer wieder das Gleiche tun. Selbst wenn uns nie bewusst wird, was wir getan haben, oder unsere Sünden sogar vergessen, ist uns dennoch vergeben.

Unsere eigene Vergebung ist nicht abhängig von unserem Erinnerungsvermögen, unserer Reue oder unseren Entschuldigungen. Sie beruht ausschließlich auf dem Werk, das auf Golgatha vollbracht wurde. Aufgrund des vollkommenen Werkes seines Sohnes hat Gott *beschlossen*, uns zu vergeben. Das ist erstaunlich, aber wahr.

Im Lichte dieser allumfassenden Vergebung ermahnt uns Paulus, unsere Herzen weich zu machen und diese Aussage pauschal an andere weiterzugeben: »Du bist aus dem Schneider!« Wir können uns *entscheiden*, anderen die Schuld zu erlassen, so wie Gott uns die Schuld erlassen hat, selbst wenn sie *nie* bemerken, was sie getan haben, und es *wieder* tun. Sehen wir, wie wichtig es ist die »Ein-für-alle-Mal«-Vergebung zu verstehen, damit wir auch anderen bedingungslos vergeben können?

> Wir können dieselbe Aussage pauschal an andere weitergeben: »Du bist aus dem Schneider!«

Die Sache mit dem Ich

Aber es ist nicht nur die Vergebung, die zu gutem Verhalten führt. Paulus stellt auch einen direkten Zusammenhang her zwischen *Identität* und Verhalten:

Lügt einander nicht an, da ihr ja den alten Menschen ausgezogen habt mit seinen Handlungen und den neuen angezogen habt, der erneuert wird zur Erkenntnis, nach dem Ebenbild dessen, der ihn geschaffen hat. (Kol 3,9-10)

Das ist nur ein Beispiel dafür, wie wichtig es ist, unsere neue Identität in Christus zu kennen. Manche Menschen erzählen Lügen, um sich selbst zu schützen oder Leid aus dem Weg zu gehen – oder aus anderen Gründen der Selbsterbauung. In Christus haben wir eine unerschütterliche Identität und in ihm sind alle unsere Bedürfnisse gestillt – aber nicht, um jetzt in Angst zu leben. Wir sehen hier also ein Stück göttlicher Logik im Blick auf die Verhaltensfrage: »Lügt nicht, *denn ihr seid eine neue Schöpfung.*«

Hier ein weiteres Beispiel. Die folgenden Verse geben uns einen Einblick, wie wir anderen gegenüber Vergebung und Gnade ausdrücken sollten:

So zieht nun an als Gottes Auserwählte, Heilige und Geliebte herzliches Erbarmen, Freundlichkeit, Demut, Sanftmut, Langmut; ertragt einander und vergebt einander, wenn einer gegen den anderen zu klagen hat; gleichwie Christus euch vergeben hat, so auch ihr. Über dies alles aber [zieht] die Liebe [an], die das Band der Vollkommenheit ist. (Kol 3,12-14)

Paulus bestätigt zuerst unsere wahre Identität. Dann gibt er zu, dass wir die Wahl haben, ob wir das eine oder das andere anziehen wollen. Er ermahnt uns, Eigenschaften zu »tragen«, die zu dem passen, wer wir sind und wie Gott uns behandelt.

Der Ausdruck *anziehen* bedeutet, dass wir uns geistlich kleiden sollen. Paulus fragt eigentlich: »Was ziehst du heute an?« So wie wir jeden Morgen aufwachen und uns überlegen, was wir anziehen, entscheiden wir uns auch, was wir geistlich tragen wollen.

Klingt das für dich wie unterdrückende Religion? Nicht im Geringsten! Paulus appelliert nur an unseren von Gott gegebenen gesunden Menschenverstand, um vernünftige Entscheidungen zu treffen. Wenn wir dem Fleisch nachgeben, kann das anstrengend und entzweiend sein. Aber das Leben aus unserer neuen Identität führt zu Frieden, Erfüllung und Einheit.

Verse über das Verhalten

Unser Verhalten ist eine Folge des Neuen und keinesfalls eine Bedingung dafür. Wir vergeben, weil uns bereits vergeben wurde. Wir erlassen anderen die Schuld, weil uns die Schuld erlassen wurde. Wir sehen andere, wie Gott sie sieht, weil Gott auch uns als Geschenk neu gemacht hat.

Die Bibelstellen, in denen es um das Verhalten geht, sagen etwas über unsere Bestimmung. Es lohnt sich, sie zu suchen und sich anzueignen, denn sie stillen unseren Durst danach, Jesus Christus ähnlich zu sein. Sie sind wie ein Wegweiser, der uns den direkten Weg dazu zeigt, wie wir das ausdrücken können, was wir eigentlich sind. Und wenn wir das ausleben, was wir wirklich sind, erleben wir Frieden:

> *Denn in Christus Jesus gilt weder Beschnittensein noch Unbeschnittensein etwas, **sondern eine neue Schöpfung**. Über alle, die nach **dieser Regel** wandeln, komme Frieden und Erbarmen, und über das Israel Gottes! (Gal 6,15-16)*

Wir können uns alle möglichen Lehren und Motivationen für ein gottgefälliges Leben ausdenken. Aber das Einzige, das wirklich eine Rolle spielt, ist die neue Schöpfung. Und wenn wir uns

> **Unser Verhalten ist eine Folge des Neuen und keinesfalls eine Bedingung dafür.**

darauf konzentrieren, dass wir neu sind in Christus und auf die Gegenwart Christi in uns, verändert sich auch unser Verhalten.

Vor fast zweitausend Jahren flehte der Apostel Paulus mit vielen Worten die Gemeinde an, das Gesetz hinter sich zu lassen, das vollbrachte Erlösungswerk Christi in den Mittelpunkt zu stellen und zu entdecken, wer sie wirklich waren. Und ich glaube, seine Mahnung an die Gemeinde heute würde ganz ähnlich klingen:

Feiert das Neue!
Erkennt, wer ihr wirklich seid!
Und dann seid einfach ihr selbst!

31

Der Gedanke ans Heiraten ließ mich vor Angst erstarren. Katharine und ich waren schon vier Jahre befreundet, bevor wir begannen, miteinander auszugehen. Sie war hübsch, intelligent und hatte den aufrichtigen Wunsch, Gott noch besser kennenzulernen. Wir hatten auch viel Spaß miteinander.

Meine Vorbehalte hatten eigentlich überhaupt nichts mit Katharine zu tun. Ich hatte einfach solche Angst, etwas falsch zu machen, dass ich in unserer Beziehung kaum einen Schritt vorwärts machen konnte. Aber nach eineinhalb Jahren nahm ich eines Abends all meinen Mut zusammen und machte ihr einen Heiratsantrag. Wir verlobten uns.

Als die Hochzeit näher rückte, wurde ich immer angespannter. Irgendwann sagte ich zu ihr: »Ich werde vor dem Altar erscheinen, aber vielleicht muss man mich hintragen.« Sehr romantisch, nicht wahr? Ich wusste nicht, wie ich es schaffen sollte.

Der Hochzeitstag selbst war das Schlimmste von allem. Ich hatte solche Panik, dass ich mich fast auf dem Absatz umgedreht hätte und aus der Kirche gerannt wäre. Ich wollte Katharine heiraten, aber mein Hals war wie zugeschnürt!

Nach der Trauung war ich mir gar nicht sicher, was ich empfand. Aber als ich am nächsten Morgen aufwachte, spürte ich einen seltsamen Frieden. Ganz plötzlich waren die ganzen seltsamen negativen Gefühle weg. In den kommenden Monaten und Jahren konnte ich erleben, wie unsere eheliche Beziehung stärker wurde und aufblühte. Gott war auf jeden Fall mit uns.

Sein Wille

Warum also die ganze Anspannung und der Stress vor der Hochzeit? Noch einmal, es hatte überhaupt nichts mit Katharine zu tun. Ich war so gefesselt von der Frage, ob das Gottes Wille für mich war oder nicht, dass ich mich kaum rühren konnte. Das hatte ich in den verschiedenen Freundschaften meines frühen Erwachsenendaseins immer wieder erlebt. Ich war wie erstarrt und wusste nicht, was ich tun sollte. Ich betete um Antworten, aber Gott schien mir nie eine zu geben.

> Diese Sicht von Gottes Willen lähmt.

In meiner Kindheit wurde immer sehr betont, wie wichtig es sei, den Willen Gottes herauszufinden. Man brachte mir bei, Gott habe einen vollkommenen Willen und einen zulassenden, toleranten Willen. Gottes vollkommener Wille sei wie das Schwarze der Zielscheibe, sein toleranter Wille wie die äußeren Ringe. Wenn man sich nur im Toleranzbereich befand, blieb es bei einer zweitklassigen Erfahrung. Unser Ziel sei aber, im Schwarzen zu bleiben – in seinem vollkommenen Willen. Und wie machte man das? Nun, wir müssten einfach seiner Führung folgen. Woher wusste man, was er von uns will? Einfach hinhören. Und wenn man ihn nicht hören konnte, dann hörte man eben nicht gut genug zu.

Oder vielleicht war man wegen der Sünden im eigenen Leben taub für seine Stimme. Mit dieser Lehre war ich aufgewachsen.

Es ist unnötig zu erwähnen, dass diese Sicht von Gottes Willen alle lähmt, die daran festhalten. Denn *Gott ist nicht daran interessiert, jeden unserer Schritte zu kontrollieren.* Er sendet uns auch keine geheimen Botschaften, welche Entscheidungen wir treffen sollen, die wir aber nur vernehmen, wenn wir gut genug zuhören. Weil ich im Blick auf Gottes Willen einem Irrtum zum Opfer fiel, verhielt ich mich wie ein Stück Wild im Scheinwerferlicht eines herannahenden Autos, als ich eine der wichtigsten Entscheidungen meines Lebens treffen musste, nämlich die über meine Heirat.

Nachdem ich durch solch einen anstrengenden Entscheidungsfindungsprozess gegangen war, war ich entschlossen, die Wahrheit über den Willen Gottes herauszufinden. Ich schlug die Bibel auf und entdeckte, dass sich der Wille Gottes auf Folgendes reduzieren lässt:

- dass keiner verloren geht, sondern alle glauben (1Tim 2,4; 2Petr 3,9),
- dass das Heil zu den Juden und den Heiden kommt (Eph 1,5-2,22),
- dass wir ihm unseren Leib jeden Tag zur Verfügung stellen (Röm 12,1-2 neü),
- dass wir viel Frucht bringen (Joh 15,8; Kol 1,9-12),
- dass wir nicht aufhören zu beten (1Thess 5,16-18).

Gottes Wille ist im Wesentlichen, dass Christus *in uns* lebt und sich *durch uns* ausdrückt und dass wir vor ihm *transparent* sind.

Es stellte sich heraus, dass die biblische Sicht des Willens Gottes sich dramatisch von dem unterschied, was ich gehört hatte.

Das war das Aus für mein andauerndes Herumrätseln, ob meine täglichen Entscheidungen nun »im Willen Gottes« waren oder nicht.

Als ich entdeckte, dass Gottes Wille *Christus in mir und Christus durch mich* ist, konnte ich sehen, dass Gott hinter jeder Tür war, sogar hinter der Tür der Sünde. Ich sage damit nicht, Sündigen sei in Ordnung oder dass Gott möchte, dass wir sündigen. Natürlich nicht! Ich will damit sagen, dass Gott immer da sein wird, egal welche Türe ich in meinem Leben öffne. Er wird da sein, weil er in mir ist. Er ist nicht nur *mit* mir, sondern *in* mir. Er ist also überall da, wo ich hingehe.

Angst vor Freiheit

Entscheidungsfreiheit zu haben kann beängstigend sein. Entscheidungsfreiheit bedeutet, dass es keinen Sinn hat, passiv darauf zu warten, dass Gott *für mich entscheidet.* Sie bedeutet, verantwortlich zu handeln und aus den Konsequenzen zu lernen. Am wichtigsten aber ist, dass wir durchs Leben gehen, ohne geheime Botschaften zu empfangen, die in jedem Fall zu sicheren und erfolgreichen Entscheidungen führen. Zu guter Letzt bedeutet es, dass immer ein Hauch von Geheimnis bleibt, was die Zukunft anbelangt. Obwohl der ungenaue Blick auf den Willen Gottes für das Fleisch verlockend ist, gibt es nichts Besseres, als mit der Freiheit zur Entscheidung zu leben und zu wachsen.

> Viele Christen warten wie gelähmt darauf, dass Gott ihnen sagt, welches Auto oder welches Haus sie kaufen oder wen sie heiraten sollen.

Als ich den Stress betrachtete, den ich wegen der Heiratsfrage durchgemacht hatte, fiel mir auf, dass der Apostel Paulus selbst von Freiheit in Bezug aufs Heiraten sprach. Er sagte über sich und seine Mitapostel: »Sind wir nicht berechtigt, eine Schwester als Ehefrau mit uns zu führen?« (1Kor 9,5). Obwohl Paulus die Freiheit hatte, jede beliebige gläubige Frau zu heiraten, wissen wir, wie er sich letztlich entschied. Nachdem er alle Möglichkeiten abgewogen hatte, kam er zum Schluss, es sei das Beste, ledig zu bleiben. Sehr wahrscheinlich war der Grund dafür die Bedrängnis in der frühen Gemeinde. Denn ist es ein Akt der Liebe, eine Frau zu heiraten, wenn man weiß, dass man bald als Märtyrer sein Leben lassen wird? Obwohl Paulus also die Freiheit hatte zu heiraten, nutzte er seinen von Gott gegebenen gesunden Menschenverstand und entschied sich dagegen.

Mein Punkt ist, dass viele Christen wie gelähmt darauf warten, dass Gott ihnen sagt, welches Auto oder welches Haus sie kaufen oder wen sie heiraten sollen. Das wirkt zwar sehr geistlich, ist aber nicht biblisch.

Aus dem Herzen

Wenn wir uns bewusst werden, dass wir eine neue Schöpfung mit einem neuen Herzen und einem neuen Verstand sind, können wir so leben, wie Gott sich das gedacht hat. Wir können uns jeden Tag beim Aufwachen fragen: »Was *möchte* ich gerne tun?« und »Was ist am sinnvollsten?« Wir können darauf vertrauen, dass alles, was nicht von fleischlichen Gelüsten motiviert ist, allein durch die Tatsache geheiligt ist, dass eine neue Schöpfung es tut. Wir sind frei, unsere Wünsche auszuleben, weil wir mit unserem

Herzen, Verstand, unseren Hobbys und Interessen jetzt in allem, was wir tun, für Gott ausgesondert sind.

Das ist Freiheit! Beängstigend? Vielleicht. Aber wir sind in einer weitaus besseren Position, wenn wir aus dem leben, was tatsächlich biblisch ist, anstatt aus dem, wie wir uns Gott *vorstellen*. Wenn wir wachsen und reifen und Gott dafür danken, dass wir aus unseren vergangenen Entscheidungen lernen können, erleben wir Jesus, der uns nie verlassen oder aufgeben wird.

Was tust du also, wenn du gegrübelt und sogar um Weisheit gebetet hast, aber Gott dir die Entscheidung nicht abnimmt? Die Quintessenz im Blick auf schwierige Entscheidungen ist, deine neue Identität in Christus zu erkennen, aus dem Herzen *und* dem Verstand zu leben und das Leben zu genießen!

Du musst dich nicht der Paralyse durch Analyse[15] unterwerfen. Christus ist in dir und du bist in Christus.

Gott ist also hinter jeder Tür!

---

15 Paralyse durch Analyse ist die Unfähigkeit von Managern, Entscheidungen zu fällen, als Resultat permanenter Beschäftigung mit der Teilnahme an Meetings, dem Schreiben von Berichten und dem Sammeln von Statistiken sowie Analysen.

32

M eine Frau Katharine ist eine außergewöhnliche Frau – als Ehefrau unterstützt sie mich, und sie ist eine großartige Mutter, Wissenschaftlerin und Seglerin. Auf einem ihrer mehrtägigen Segelausflüge zu den Bahamas geriet sie einmal in Lebensgefahr. Mit ein paar Freunden saß sie auf einem Korallenriff in der offenen See fest, weit entfernt von anderen Booten und dem Festland. Katharine ist eine erfahrene Seglerin, aber sie hatte einen fast tödlichen Fehler begangen. Sie hatte die Gezeitentafel falsch gelesen und Ebbe und Flut verwechselt.

Als das Segelboot auf dem Korallenriff aufsetzte, wurde das Wasser rauer und das Boot kenterte seitwärts im Wind. Ein paar ihrer Freunde sprangen über Bord und schwammen unter das Boot, um zu sehen, wie weit sich die Korallen in den Rumpf hineingefressen hatten. Würde das Boot auseinanderbrechen? Konnte man es von den Korallen herunterziehen, ohne ihm ernsthaften Schaden zuzufügen? Nach einigen Untersuchungen kamen sie zu der Überzeugung, dass der Rumpf des Schiffes intakt war, aber es schien unmöglich, das Boot aus seiner verkeilten Lage herauszubekommen.

Die einzige Möglichkeit war, die Sache auszusitzen. Stundenlang warteten sie, bis die Flut einsetzte und sie von dem Riff herunterspülte. Man kann sich vorstellen, wie erleichtert sie waren, als sie schließlich den sicheren Hafen auf den Bahamas erreichten – trockenes Land, eine heiße Dusche und gutes Essen. Die Ankunft am Ziel bedeutete ihnen angesichts der Hindernisse, denen sie auf dem Weg begegnet waren, noch viel mehr als sonst.

Katharines Fehldeutung der Gezeitentafel führte zu einer stressigen Zwangslage ohne sicheren Hafen in Sicht. Christen können heute Ähnliches erleben, wenn sie nicht genau verstehen, was der neue Bund ist. Ich rede hier nicht davon, seine Zeit mit dem Lesen von Buchseiten zu verbringen. Katharine hatte die Gezeitentafel gelesen! Das Problem ist, dass sie die Tafel falsch deutete und zum *falschen Schluss* kam. Genauso meinen wir vielleicht, wir wüssten, was das Wort sagt. Aber wissen wir wirklich, was es bedeutet und zwar auch für uns persönlich? Ich habe sehr belesene Bibelwissenschaftler getroffen, die voller Angst waren, weil sie in ihrem Leben keinen »sicheren Hafen« hatten.

> Ein richtiges Verständnis des neuen Bundes hilft uns, den sicheren Hafen zu finden.

In Hebräer 4 wird uns von einer Sabbatruhe erzählt, einem sicheren Hafen für das Volk Gottes. Wenn wir in seine Ruhe eingehen, kommen wir zur Ruhe von unseren eigenen Werken, so wie Gott nach der Schöpfung. Dieser sichere Hafen ist eine geistliche Haltung, die wir einnehmen können, weil Christus alles für uns getan hat. Die Auferstehung versetzt uns in die Lage, an einem geschützten Platz auszuruhen – ruhig zu sein im Wissen, dass wir sicher, angenommen und gerecht sind und dass uns vergeben wurde. Wenn uns durch ein gesetzliches Leben Ebbe droht und wir dadurch auf einem Riff der Sünde auflaufen, können wir uns wieder die »Gezeitentafeln« vornehmen. Ein richtiges Verständnis des neuen Bundes hilft uns, den sicheren Hafen zu finden.

In diesem Buch ging es um meine eigene Fehldeutung der Tafeln und wie ich, und andere mit mir, den sicheren Hafen gefunden haben. Erinnerst du dich an die REVEAL-Studie aus Kapitel 2, die zeigte, dass über ein Viertel aller Christen kein Wachstum erlebten oder unzufrieden waren mit ihrem geistlichen Leben? Aber es ist fast unmöglich, unzufrieden zu sein, wenn man einmal der Wahrheit in all ihrer lebensverändernden Kraft begegnet ist. Ich bete darum, dass du – wie schon so viele andere – einen Nutzen daraus ziehen kannst, dass wir all die komplizierten Vorstellungen, die wir der Botschaft mit den Jahren hinzugefügt haben, heruntergerissen haben – und dass nun die bloße Wahrheit zum Vorschein kommt, das *nackte* Evangelium.

»Nichts mehr da«

Ich habe versucht, das nackte Evangelium so transparent und leicht verständlich darzustellen, wie es in der Bibel steht. Das echte Evangelium sollte von Jungen und Alten, Gebildeten und Ungebildeten gleichermaßen leicht verstanden werden können. Schließlich wurde es von gewöhnlichen, ungebildeten Fischern erfolgreich an Tausende von Menschen weitergegeben.

Um das Echte zu verstehen, sollten wir kein neues und außerbiblisches Vokabular benötigen. So wie ein Kind weiß, was es bedeutet, wenn man am Ende der Mahlzeit »nichts mehr da« sagt, hat Gott seinen Kindern einfach und nachdrücklich zugerufen:

- Deine Beziehung mit dem Gesetz ist jetzt »*nicht mehr da*«.
- Dein alter Mensch ist jetzt »*nicht mehr da*«.

- Deine Sünden sind jetzt »*nicht mehr da*«.
- Alle Hindernisse, die dich davon abhalten, Gott nahe zu sein, sind jetzt »*nicht mehr da*«.

Es ist erstaunlich, wie einfach und geradeheraus das nackte Evangelium tatsächlich ist. Ja, bei meiner Begegnung mit dem Neuen musste ich eigentlich viel mehr *verlernen*, als Neues zu lernen. Wenn wir erst einmal den Müll aus unserem theologischen Kämmerchen entsorgt haben, strahlt das Evangelium wieder hell und klar. Und es wird uns jeden Augenblick aufs Neue zu einem mächtigen, praktischen Gewinn.

Wenn es das Echte ist, wird es das Leben radikal verändern, aber es wird auch zu Auseinandersetzungen führen. Wo auch immer das echte Evangelium gepredigt wird, wird es zu vielerlei falschen Anschuldigungen kommen. Denken wir zum Beispiel an Johannes, der klarmachen musste, dass das Evangelium ein *gottgefälliges* Leben fördert, auch wenn wir *immer noch* sündigen.

Meine Kinder, dies schreibe ich euch, **damit ihr nicht sündigt***! Und wenn jemand sündigt, so haben wir einen Fürsprecher bei dem Vater, Jesus Christus, den Gerechten. (1Joh 2,1)*

Ähnlich sehen wir, wie Paulus auf Anschuldigungen reagiert, als er die häufig gestellte Frage: »Sollen wir in der Sünde verharren, damit das Maß der Gnade voll werde?« folgendermaßen beantwortet: »Das sei ferne! Wie sollten wir, die wir der Sünde gestorben sind, noch in ihr leben?« (Röm 6,1-2). Offensichtlich hatten einige Paulus beschuldigt, er lehre, dass es in Ordnung sei, unsere Freiheit zum Sündigen zu gebrauchen (Röm 8,38; Gal 5,13).

Gnade, ohne Umschweife, wirft Fragen auf. Gnade, ohne Umschweife, führt zu Anschuldigungen. Doch nichtsdestotrotz muss die bedingungslose und unverfälschte Gnade gepredigt werden, ohne Rücksicht auf eventuelle Reaktionen. Angesichts der radikalen Natur des unverfälschten Evangeliums können uns die folgenden Worte von D. Martyn Lloyd-Jones eine Hilfe sein, um die Predigten zu beurteilen, die zu hören wir Gelegenheit haben:

Wie kann man herausfinden, ob jemand wirklich das neutestamentliche Evangelium der Errettung predigt? Es gibt kein besseres Mittel dafür als das, dass einige es missverstehen und in dem Sinne falsch interpretieren, es spiele überhaupt keine Rolle, was du tust, weil du ja aus Gnade allein gerettet seist; und du könnest weiter sündigen nach Herzenslust, denn das gereiche der Gnade ja nur zur Ehre. **Wenn meine Predigt und Wiedergabe des Evangeliums des Heils es nicht zu diesem Missverständnis kommen lässt, dann ist es nicht das Evangelium** *... Es kann gefährlich sein, die Errettung richtig zu lehren.*[16]

Wenn wir Vergebung, Freiheit, Identität und neues Leben nebeneinander stellen, begegnen wir einem Evangelium, das auf den ersten Blick gefährlich scheint. Aber bei näherer Betrachtung entdecken wir, wie genial unser Gott einfach ist, einen bombensicheren Bund zu schaffen, der *echte* Beziehung und *echte* Veränderung in unser Leben bringt.

---

16 D. Martyn Lloyd-Jones, *The New Man: An Exposition of [Romans] Chapter 6*, London: Banner of Truth 1972, S. 8-9.

Eine bombensichere Botschaft

Wenn manche Bedenken haben, eine ein für alle Mal erfolgte Vergebung ohne Bedingungen würde dazu führen, dass wir mehr sündigten, können wir ihnen versichern, dass Gottes Schachzug mit dem Kreuz nicht naiv war. Auf Golgatha hat Gott auch mit unserem inneren Wunsch zu sündigen aufgeräumt. In Christus sind wir der Sünde gestorben und wir wollen eigentlich nicht mehr sündigen. Umgekehrt können wir andere, die ihre neue Identität in Christus begriffen haben und es dann nicht schaffen, ihren eigenen unrealistischen Erwartungen an ihre Leistung gerecht zu werden, damit trösten, dass die Vergebung ein für alle Mal erfolgt ist.

> Wir entdecken, wie genial unser Gott ist, einen bombensicheren Bund zu schaffen.

Wenn manche spüren, dass sie die Sache mit der Vergebung und der neuen Identität auf der intellektuellen Ebene bereits verstanden, aber noch nicht die »Kraft« haben, in ihrem Leben eine echte Veränderung hervorzubringen, können wir sie daran erinnern, dass sie das Leben Christi besitzen – seine Gegenwart und seine Macht über die Sünde. Auch umgekehrt gilt: Viele Menschen leben bereits in der Abhängigkeit von dem auferstandenen Christus, stolpern aber immer wieder darüber, wie viel sie *nicht* tun oder *nicht* geben. Indem wir sie an unsere Freiheit vom Gesetz erinnern, können wir sie davor bewahren, sich selbst zu verurteilen.

Kurzum, das wahre Evangelium ist eine bombensichere Botschaft, die im Wesentlichen in jeder Hinsicht geistlich vernünftig ist. Sie ist biblisch und praktisch sinnvoll und es gibt in der ganzen Bibel keinen Vers, der ihren Glanz schmälert.

Denken wir einmal darüber nach. Wenn das die echte historische Botschaft ist, die Gott uns schon immer zugedacht hat, dann muss angesichts dieser mächtigen, allumfassenden Wahrheiten schließlich jede Bibelstelle ihren richtigen Platz im Puzzle finden.

Wieder lebendig!

»Meine Bibel ist für mich wieder lebendig geworden. Die Worte springen mir förmlich entgegen wie noch nie, und ich kann zum ersten Mal wirklich verstehen, was ich lese.« Im Lauf der Jahre habe ich unzählige Male Sätze wie diese gehört. Und geht es nicht schließlich genau darum? Dass wir von unserem eigenen persönlichen Lehrer unterwiesen werden, wenn wir tief in sein Wort eintauchen? Und wenn uns die Realität des neuen Bundes erst einmal bewusst ist, wird alles viel klarer.

Ist dir schon aufgegangen, wie gut wir es auf dieser Seite des Kreuzes haben?

Wenn ja, dann gibt es nur eine vernünftige Reaktion:

Danke Gott.

Nackte Überlegungen

Teil 1: Christliche Zwangsneurose

1. Denkst du, man ist besser darauf vorbereitet, die wahre Bedeutung des Evangeliums zu begreifen, wenn man ganz tief unten ist? Warum?
2. Gibt es Bereiche in deinem Leben, in denen du das Gefühl hast, du wärst ganz tief unten? Wenn ja, was meinst du, was Gott dir damit vielleicht sagen will?
3. Warum sind deiner Meinung nach so viele langjährige Gottesdienstbesucher festgefahren und erleben Stillstand? Was könnte ihnen fehlen?

Teil 2: Kopfschmerz-Religion

1. Wer ist deine Lieblingsperson im Alten Testament? Hättest du dir jemals vorstellen können, dass du heute eine bessere Gottesbeziehung hast als sie? Welche Auswirkungen könnte dieser Gedanke auf dein tägliches Leben haben?

2. Was versucht Gott dir heute durch die Tatsache mitzuteilen, dass Jesus in den Stamm Juda hineingeboren wurde und nicht in den priesterlichen Stamm von Levi und Aaron?

3. Wenn du an Hebräer 7,18 denkst, war die Vorstellung, ein Leben auf der Grundlage des Gesetzes zu führen, für dich persönlich »kraftlos und nutzlos«? Gibt es noch Bereiche, in denen du der Erkenntnis, dass das Gesetz »aufgehoben« wurde, zustimmen musst?

4. Das Neue ist einfach und sehr direkt, aber sogar die frühe Gemeinde hatte Probleme, dem nicht noch weitere Bedingungen hinzuzufügen. Wie fügen wir heute dem Ganzen Bedingungen hinzu?

5. Ein weitverbreiteter falscher Gedanke ist, Gott schreibe das Gesetz Moses auf unsere Herzen. Was ist daran falsch? Wie würdest du das jemandem erklären?

6. Was würdest du antworten, wenn ein Freund zu dir sagen würde:»Ich weiß, ich bin nicht unter dem Gesetz. Aber wir brauchen doch Regeln und christliche Grundsätze, nach denen wir leben können«?

7. Welche Vorbehalte hast du dagegen, das System des Gesetzes zu verlassen und Gottes neuem Weg völlig zu vertrauen?

Teil 3: Die Linie überschreiten

1. Hast du dir schon einmal Gedanken darüber gemacht, dass das Neue mit Jesu Tod beginnt und nicht mit seiner Geburt? Welche Auswirkungen hat das für dich im Blick auf die Dinge, die Jesus seine jüdischen Volksgenossen lehrte?
2. Welchen Einfluss könnte diese neue Erkenntnis über die Trennlinie zwischen dem alten und neuen Bund auf dein Bibellesen haben?
3. Wie bist du bis jetzt mit Jesu Aufforderung umgegangen: »Reiß dein Auge aus und hau deine Hand ab in deinem Kampf gegen die Sünde«; »seid vollkommen« und »verkaufe alles, was du hast«? Wie hilft es dir, das Kreuz als große Trennlinie zwischen Altem und Neuem zu verstehen, um das Ziel Jesu in diesen Lehren zu erkennen?

Teil 4: Matroschka-Puppen

1. Was bedeutet es für dich, dass Christus dein Leben ist?
   Was ist daran anders, als wenn Christus nur ein *Teil* deines Lebens ist?
2. Was könnten Christen schlussfolgern, wenn sie glauben, eine »sündige Natur« zu haben, anstatt gegen das Fleisch zu kämpfen?
3. Wie verstellt sich die Macht der Sünde in deinem Leben, sodass du denkst, sie wäre du selbst?
4. Inwiefern wirst du für dein Handeln *verantwortlicher*, wenn du die Gegenwart der Sünde verstehst?
5. Bedeutet die Macht der Sünde anzuerkennen gleichzeitig, dass wir damit dem Teufel alle Schuld für unser Handeln zuschieben?
6. Denkst du, das seien alles »nur Worte«? Wenn nicht, was denkst du, wie dir ein Verständnis des Fleisches, der Macht der Sünde und deiner wahren Identität in Christus in einer normalen, alltäglichen Situation eine echte Hilfe sein kann?

Teil 5: Jesus betrügen

1. Zweifelst du manchmal daran, dass dir vergeben wurde, und zwar ein für alle Mal? Wie äußert sich das?
2. Sogar einige Weltklasse-Seminare berufen sich in ihren Lehraussagen auf den »Sühnetod Christi«. Inwiefern greift der Begriff *Sühne* (Bedeckung) zu kurz?
3. Welche Auswirkung hat das Bild von Christus, deinem Priester, der zur Rechten Gottes *sitzt*, auf deine Sicht darauf, wie Gott dich sieht?
4. Der Gedanke, die Bitte um Vergebung sei unbiblisch, ist für manche Christen neu. Was ist deiner Meinung nach der Unterschied zwischen Bitten und Danken? Warum entspricht es der Bibel eher, für Gottes Vergebung zu danken?
5. Welchen Nutzen bringt es, wenn wir einander unsere Sünden bekennen? Wie könnte diese Praxis missverstanden, falsch gebraucht oder gar missbraucht werden?
6. Wie schützt uns ein richtiges Verständnis von 1. Johannes 1,9 vor der Verwirrung der Kernfrage der »ein-für-alle-Mal«-Vergebung?
7. Was sollte unsere größte Motivation sein, wenn die Angst vor dem Gericht oder die Erwartung von Belohnungen als Motivation für unser tägliches Leben entfällt?
8. Was denkst du, was ist der Unterschied zwischen Führung und Überführung? Wie kann es jemandem helfen, der von Schuld und Verdammnisgefühlen geplagt ist, diesen Unterschied zu kennen?

Teil 6: Wir heiraten keine Toten

1. Was denkst du, warum ist es wichtig, dass wir sowohl die Bedeutung von Jesu Tod *als auch* von seiner Auferstehung verstehen?

2. Du hast bereits alles, was du für ein Gott wohlgefälliges Leben brauchst. Welche Auswirkung kann dieses Wissen auf deinen Alltag haben? Auf dein Gebetsleben? Auf deine Beziehung zu anderen?

3. Ist das Geheimnis »Christus in dir« für dich schwer zu fassen? Wie würde es deine Sicht auf den Sinn und Zweck deines Lebens verändern, wenn du wüsstest, dass Christus buchstäblich in dir wohnt, direkt unter deiner Haut und deinen Knochen?

4. Wie beeinflusst eine Sicht dessen, dass wir durch das Leben Christi gerettet sind, dein Verständnis der Heilsgewissheit?

5. Was würdest du jemandem sagen, der zögert oder sogar Angst davor hat, sein oder ihr Leben Christus auszuliefern?

6. Die Bibel sagt, dass wir unser Leben in Christus genauso weiterführen sollen, wie in dem Moment, als wir Christus als Herrn angenommen haben (Kol 2,6). In welcher Haltung hast du Christus als Herrn angenommen? Welche ähnliche Haltung solltest du haben, wenn du dein Leben in ihm lebst?

Teil 7: Angriff auf unser Ego

1. Wie kann ein fundiertes Verständnis des neuen Bundes deine Einstellung und dein Verhalten im Alltag beeinflussen?

2. Welcher der beiden Hauptgründe, die Sünde zu vermeiden, könnte deiner Meinung nach in deinem Leben mehr bewirken – dass wir nicht für die Sünde geschaffen sind oder dass Sünde Folgen hat?

3. Sieh dir noch einmal die Fragen auf S. 27-28 an. Gehe jeden Punkt sorgfältig durch. Kannst du jetzt erkennen, warum jede Frage falsch ist?

4. Was bedeutet dir persönlich am meisten von all dem, was Gott uns durch den neuen Bund gewährt? Welche Auswirkungen könnte das langfristig auf deine Gottesbeziehung haben?

5. Die Botschaft des neuen Bundes ist radikal und mächtig und doch überraschend einfach. Warum wird sie deiner Meinung nach in den Gemeinden heute nicht deutlicher verkündigt?

Streiflichter
....

Streiflicht 1 (von Seite 72): Gott *hat* in Christus das Gesetz erfüllt. Deshalb handelt es sich dabei nicht um einen Prozess, der im Leben von Christen heute noch weiterginge. Gott hat uns vom Gesetz befreit, damit wir nicht mehr unter ihm leben oder von ihm erzogen werden müssen (Gal 3,25).

Der Heilige Geist motiviert uns nicht, das mosaische Gesetz zu halten, und ich denke auch nicht, dass wir das Gesetz als Leitfaden für unseren Alltag zurate ziehen sollten. Stattdessen haben wir den Heiligen Geist in uns: »Regiert euch aber der Geist, so seid ihr nicht unter dem Gesetz« (Gal 5,18). Außerdem: Wenn Gott uns dazu auffordern würde, das Gesetz zu befolgen, dann ginge es um das gesamte Gesetz und nicht nur ein Teil davon. Stelle dir nur vor, wie der Heilige Geist uns bevormunden würde, wenn er uns dazu bewegen müsste, Hunderte von mosaischen Regeln einzuhalten.

Ich denke, es ist ziemlich klar, dass wir Christen heute *keine Beziehung* zum Gesetz haben sollten. Römer 7 erklärt, dass wir dem Gesetz gestorben und jetzt mit jemand anderem verheiratet sind. In Gottes Augen wäre eine Rückkehr zu einem Leben auf der Grundlage des Gesetzes geistlicher Ehebruch. Wenn wir nach den Vorschriften leben, betrügen wir Jesus!

Streiflicht 2 (von Seite 88): Die Frucht des Geistes ist ein tolles Phänomen. Wo Christus zum Ausdruck kommt, da übersteigt das bei Weitem jede menschliche Vorstellung von Moral oder Ethik. Im Garten Eden begingen Adam und Eva den Fehler, dass sie »wissen« wollten, was richtig und falsch ist. Sie begaben sich in den Bereich von Moral und Ethik, in dem sie Gut und Böse unterscheiden konnten. Anstatt von dem Leben zu leben, das ihnen eingehaucht worden war, wollten sie die Dinge unter *Kontrolle* haben.

Die Ursünde schien zunächst einmal nicht böse und würde auch heute nicht verspottet werden. Ja, man würde sie heute wohl sogar loben, denn wir spenden ja schließlich all jenen Beifall, die nach dem streben, was in ihren Augen »richtig« ist. Wir nennen das Integrität und Selbstdisziplin. Aber Gott war nicht erfreut, als die ersten Menschen sich entschieden, in die Welt von Richtig und Falsch einzutreten.

Gott wollte, dass wir von ihm abhängig sind, ohne uns um Moral und Ethik zu scheren. Adam und Eva sollten nur das Eine wissen: Das Leben, das ich lebe, ist Gottes Leben. Damit hätten sie zufrieden sein sollen. Aber die Geschichte des Sündenfalls zeigt, dass ihnen das nicht genügte. Sie erlagen der Versuchung, einen Ersatz zu suchen. Diesen Ersatz nennen wir heute Moral und Ethik.

Was bedeutet das für *uns*? Christus lebt aus demselben Grund in uns, aus dem Gott Adam Leben gab – damit wir abhängig sein können von ihm, ohne etwas anderes zum Leben zu brauchen. So wie Adam einst sagen konnte und wie es der Apostel Paulus sagte, können auch wir jetzt sagen: »Nun lebe ich, aber nicht mehr ich [selbst], sondern Christus lebt in mir« (Gal 2,20).

Wenn der Geist Gottes uns Leben gibt, dann sollen wir nicht nach dem jüdischen Gesetz, religiösen Regeln, einem moralischen Kodex und noch nicht einmal nach christlichen »Prinzipien« leben. Das Leben Christi zu empfangen und weiterzugeben ist weit mehr.

Streiflicht 3 (von Seite 94): Der Galaterbrief berichtet, dass Jesus unter dem Gesetz geboren wurde. Im Hebräerbrief steht, dass das Alte erst mit dem *Tod* Jesu durch das Neue abgelöst wurde. Das heißt, die Evangelien schildern, wie Jesus den Juden begegnete, *bevor* das Neue in Kraft trat. Jedes Glaubenssystem, das dies nicht berücksichtigt, muss uns Christen durcheinanderbringen. Wenn wir versuchen, die an die Pharisäer und um das Gesetz eifernden Juden gerichteten Lehren Jesu mit dem zu vermischen, was in den neutestamentlichen Briefen steht, wird das unweigerlich zu Verwirrung führen.

Jesus sagte seinen Zuhörern, sie sollten ihre Hände abhauen, ihre Augen ausreißen und vollkommen sein wie Gott. Er sagte ihnen, ihre Gerechtigkeit müsse mit der der Pharisäer mithalten und sie sogar noch übertreffen. Er sagte, sie müssten erst anderen vergeben, damit sie selbst Vergebung erhalten können. Kurz gesagt *entmutigte* Jesus seine Zeitgenossen, die versuchten, durch das Gesetz Gerechtigkeit zu erreichen. Er tat das, damit er ihnen später durch seinen Tod und seine Auferstehung vollkommene Gerechtigkeit schenken konnte.

Streiflicht 4 (von Seite 95): Die Apostelgeschichte ist keine Sammlung von Lehren für den Alltag der Gemeinde. Stattdessen ist sie ein Geschichtsbuch, das ausführlich von den Reisen der Apostel und der Wirkung berichtet, den Gott auf die frühe Gemeinde hatte.

Inwiefern liegen wir also falsch, wenn wir daraus Lehren ableiten? Man könnte zum Beispiel, wenn man sich auf Ereignisse der Apostelgeschichte beruft, zu folgenden falschen Schlüssen kommen: (1) Wenn jemand glaubt und errettet wird, kann er damit rechnen, dass Feuerzungen auf ihn herabkommen. (2) Wenn jemand nicht die Wahrheit darüber sagt, wie viel Prozent seines Einkommens er für die Gemeinde zur Seite legt, kann er unter Umständen tot umfallen. (3) Das Sprechen in fremden Sprachen erfolgt zeitgleich mit der Errettung. – Obwohl diese Ereignisse in der Apostelgeschichte vorkommen, bedeutet das nicht, dass man daraus eine *Lehre* machen kann.

Die Zeit der Urgemeinde war eine Zeit des Umbruchs. Gott wirkte Wunder, um zu verkünden, dass Jahwe jetzt durch die Person Jesu Christi zu finden war. Stellen wir uns doch vor, wie viel Schwung es braucht, um einen völlig neuen Bund einzuführen, wenn man so lange unter dem alten gelebt hat. Genauso kraftvoll wirkte Gott auch, um sein Evangelium unter die Heiden zu bringen, die vorher gar keinen Bund hatten.

Die Funken, die in der frühen Gemeinde flogen, waren etwas Besonderes. Sie heute *in derselben Intensität* zu erwarten, wird zu Enttäuschung führen. Sie müssen heute nicht in genau diesem Maße sichtbar werden. Wir haben Gottes Wort jetzt schriftlich, und es wurde in viele Sprachen der Welt übersetzt. Die Botschaft hat sich schon fast auf der ganzen Welt ausgebreitet. An vielen Orten (wenn auch nicht überall) werden Prediger des Evangeliums mit offenen Armen empfangen. Das war in der Gemeinde des ersten Jahrhunderts mit Sicherheit nicht der Fall.

Ich sage damit *nicht*, die Geistesgaben wären nicht mehr vorhanden. Ich vertrete nur den Standpunkt, dass man von den geschichtlichen Ereignissen in der Apostelgeschichte keine Lehren ableiten sollte, um sie auf alle Christen anzuwenden.

Streiflicht 5 (von Seite 111): Wenn man einem Christen die zehn Gebote wegnimmt, kann das geistlich gesehen so ähnlich sein, wie einem Kind beim Fahrradfahren die Stützräder wegzunehmen. Das Kind fühlt sich vielleicht unsicher, aber es ist wichtig, ihm die Stützräder wegzunehmen, damit es lernt Fahrrad zu fahren. Es ist nur zu natürlich, dass auch wir Erwachsenen uns unsicher fühlen, wenn uns bildlich gesprochen etwas weggerissen wird, was wir als Grundlage für unser Leben angesehen haben. Aber unsere Freiheit vom Gesetz zu erkennen ist ein wichtiger Schritt auf dem Weg zur christlichen Reife. Der Apostel Paulus nimmt kein Blatt vor den Mund, wenn er der Gemeinde des ersten Jahrhunderts und uns heute diese Freiheit erklärt.

Das Gesetz war nie dazu gedacht, als Grundlage für das Christsein zu dienen. Wir haben kein Recht dazu und keine biblische Grundlage dafür, uns Teile aus dem mosaischen Gesetz herauszupicken und zu behaupten, sie sollten uns Christen erziehen. Paulus lehrt, dass die Gläubigen vom Geist geleitet werden und nicht unter dem Gesetz sind. Folglich sind nicht einmal die zehn Gebote dazu gedacht, unser tägliches Leben zu steuern. Sie werden als ein Dienst der Verdammnis beschrieben, der den Tod bringt. Wer will das schon gerne in seinem Leben haben? Uns wird auch gesagt, dass die Sünde durch die Gebote erst Gelegenheit erhält, einschließlich der »Zehn«. Das Gesetz lässt die Sünde zunehmen, nicht abnehmen. Darum müssen wir mit *mehr* Kampf und *mehr* Sünde rechnen, wenn wir das Gesetz zu unserem täglichen Leitfaden machen. Umgekehrt führt unsere Befreiung vom Gesetz direkt zur Befreiung von der Macht der Sünde. Außerhalb des Gesetzes ist die Sünde tot.

Aber wir sollten den Sinn und Zweck des Gesetzes, den es auch heute noch hat, nicht unbeachtet lassen. Das Gesetz ist heilig und vollkommen und erfüllt auch in der heutigen Welt eine bestimmte Aufgabe. Es ist dazu da, Sünder von ihrem verlorenen Zustand zu überführen. Es macht den Schmutz auf dem Gesicht der Menschheit sichtbar, aber es kann keine Lösung anbieten. Nur Jesus Christus reinigt uns von der Sünde, die das Gesetz offenbart.

Obwohl das Gesetz auch in der heutigen Welt eine wichtige Rolle spielt, hat es im Leben eines Gläubigen keinen Platz. Der Geist Gottes, der in uns lebt, ist Gottes besserer Ersatz für das Werk des Gesetzes. Was das Gesetz aufgrund seiner Kraftlosigkeit nicht tun konnte, hat Christus bereits getan, indem er uns vor Gott vollkommen machte. Wir sind dazu berufen, uns vom Gesetz freizumachen und uns allein an den Heiligen Geist zu halten, damit er uns in unserem täglichen Leben leiten kann.

Streiflicht 6 (von Seite 144): Wenn ein Chirurg dich auf einem OP-Tisch aufschneidet, wird er die Macht der Sünde natürlich *nicht* in dir finden! Sie ist genauso unsichtbar wie der Sitz unseres Geistes und unserer Seele. Jeden Tag und ständig sendet die Macht der Sünde uns neue Botschaften.

Die Welt und die Sünde zerren an uns und sprechen unsere fünf Sinne an, genauso wie Jesus mit Gedanken versucht wurde. Wenn ein Dritter uns sündige Gedanken schickt, dann ist das allerdings kein Hinweis auf unsere eigene Natur oder unsere wahren Wünsche. Wenn wir erkennen, dass die Macht der Sünde durch den Körper wirkt, dann wissen wir, wo die Versuchung herkommt, verstehen aber trotzdem, dass wir neu sind. Wir können mit Gott darin übereinstimmen, dass der alte Mensch tot und unser Kampf nicht gegen uns selbst gerichtet ist.

Streiflicht 7 (von Seite 148): Gläubige sündigen immer noch, aber *nicht* wegen ihres alten Menschen. Der alte Mensch wurde gekreuzigt und mit Christus begraben. Wenn du jetzt in Christus bist, wurde die geistliche Person, die du einst warst, vernichtet. Dein neues Ich wurde auferweckt und sitzt nun mit Christus an himmlischen Orten. Du bist eine völlig neue Schöpfung und es ist nichts Sündhaftes im Kern deines Wesens. Dein gerechter menschlicher Geist ist dort, wo Christus lebt.

Manche Kommentare zum Römerbrief winden sich sehr um die Tatsache herum, dass wir mit Christus gekreuzigt sind. Einige sind deshalb zögernd, frei heraus zu sagen, unser alter Mensch sei vernichtet, weil wir immer noch sündigen. Wir meinen, es sei heuchlerisch zu lehren, der alte Mensch sei tot, wenn wir selbst immer noch mit der Sünde zu kämpfen haben. Aber der Apostel Paulus war kein Heuchler und er liefert uns zwei handfeste Gründe, warum wir immer noch sündigen.

Der erste Grund ist die Gegenwart der Sünde, einer Macht, die zwar in uns lebt, die wir aber nicht selbst sind. Die Macht der Sünde ist nicht dasselbe wie der alte Mensch. Der alte Mensch war ein Sklave der Sünde, der neue Mensch ist es nicht. Darum ist auch das Fleisch nicht der alte Mensch. Das Fleisch ist die gesamte Programmierung (Denkweisen, Einstellungen, Reaktionen), die sich mit der Zeit aufbaut, wenn ein Mensch der Sünde erlaubt, in seinem Leben zu wirken. Wenn wir in Christus neu gemacht werden, sind diese Erinnerungen an die alte Art der Lebensbewältigung immer noch in unserem Gehirn gespeichert. Wir können immer noch in den Wandel nach dem Fleisch zurückfallen.

Der alte Mensch wurde also ausgelöscht, aber es sind immer noch zwei voneinander unabhängige Faktoren am Wirken, um den Gläubigen zum Unglauben zu verleiten. Darum sündigen wir immer noch. Würden Bibelausleger das Vorhandensein von Sünde und Fleisch zusammen mit der Lehre über unseren gekreuzigten, begrabenen und gestorbenen Menschen predigen, müssten sie nicht befürchten, irgendjemand könnte vermuten, sie verträten die Irrlehre einer sündlosen Vollkommenheit.

Streiflicht 8 (von Seite 150): Manche verwenden die Aussage von Paulus »ich sterbe täglich« (1Kor 15,31), um die Theologie des Sich-selbst-Sterbens zu untermauern. Doch im Zusammenhang gesehen *hat diese Stelle nicht mit dem alten und dem neuen Ich zu tun,* sondern Paulus verteidigt hier lediglich seine Stellung als Apostel. Er sagt ganz einfach, dass er täglich sein Leben aufs Spiel setzt und in Ephesus sogar einmal den wilden Tieren vorgeworfen wurde. Er spricht also ganz offensichtlich von den körperlichen Gefahren, denen er ausgesetzt war. Das ist aber keine Grundlage für eine Theologie des Sich-selbst-Absterbens.

In Matthäus 16,24 sagt Jesus: »Wenn jemand mir nachkommen will, so verleugne er sich selbst und nehme sein Kreuz auf sich und folge mir nach!« Dieser Vers ist tatsächlich eine Aufforderung, sein Leben zu verlieren. Und genau das passiert uns Christen bei der Errettung. Wir verlieren unser früheres Leben, wenn wir mit Christus gekreuzigt werden (Röm 6,6; Gal 2,20). Wenn ein Christ also immer weiter versucht, »sich selbst zu sterben«, dann ignoriert er gewissermaßen, dass bei seiner Erlösung der alte gegen den neuen Menschen ausgetauscht wurde.

Im Prinzip gilt, dass Christen sich nicht selbst sterben müssen. Stattdessen müssen wir in dem Bewusstsein wachsen, wer wir in unserem Kern sind. Auf diese Weise wandeln wir nach dem Geist und nicht nach dem Fleisch.

Streiflicht 9 (von Seite 152): Wenn ich die Wahrheit über unseren neuen Menschen predige und warum wir immer noch mit der Sünde kämpfen, bekomme ich oft zu hören:»Das sind doch nur Spitzfindigkeiten!« Aber das stimmt nicht! Wenn ein Christ denkt, er würde deshalb immer noch sündigen, weil der alte Mensch noch sein Unwesen treibt, ist er grundlegend auf dem Holzweg in Bezug auf seine Natur, seine wahren Wünsche und das vollbrachte Werk am Kreuz. Im Endeffekt kämpfen wir nicht gegen uns selbst. Das ist wichtig; Jesus sagte, ein Haus, das in sich selbst zerstritten ist, wird untergehen.

Die Wahrheit über unsere Identität in Christus hat sehr praktische Auswirkungen. Wenn wir zur Sünde Nein sagen, bedeutet das *nicht*, dass wir Nein zu uns selbst sagen. Wenn wir die Sünde ablehnen und uns entscheiden, Christus durch uns Ausdruck zu verleihen, leben wir unserer Bestimmung gemäß und stillen unsere tiefste Sehnsucht. Auch wenn das Fleisch hässlich und voller Sünde ist, wir selbst sind es nicht. Auch wenn die Macht der Sünde listig, hinterhältig und boshaft ist, wir sind es nicht. Wir sind rein und unser Herz sehnt sich nach dem, was Gott für uns will.

Streiflicht 10 (von Seite 201): Ich bin mir bewusst, dass auch Hebräer 6 und 10 auf den ersten Blick entweder von einem dem Gläubigen bevorstehenden Gericht zu sprechen scheinen oder aber von der Möglichkeit, die Errettung zu verlieren. In meinem nächsten Buch, in dem es um den Hebräerbrief gehen wird, werde ich auf beide Stellen näher eingehen. An dieser Stelle möchte ich nur bemerken, dass der Verfasser des Hebräerbriefs sich an die »Feinde Gottes« richtet, die geschmeckt haben, wie der Regen des Evangeliums auf sie fällt, ihn aber nicht getrunken haben. Sie sündigten weiter, indem sie die einzige Sünde begingen, die in den ersten zehn Kapiteln des Hebräerbriefs genannt wird – die

Sünde des Unglaubens gegenüber dem Evangelium. Vorher wird in diesem Brief keine andere Art von Sünde erwähnt. Aus dem Zusammenhang wird klar, dass der Verfasser sich an diejenigen richtet, die sich momentan am Rand des Abgrunds bewegen, während die echten Gläubigen »... nicht zu denen [gehören], die feige zurückweichen« (Hebr 10,39).

Bibelstellen

Dank

Ich möchte meiner Frau Katharine Danke sagen. Ohne ihre Hilfe und ihr ermutigendes Feedback wäre dieses Buch nie veröffentlicht worden. Danke, Katharine. Ich liebe dich!

Ich danke meiner Mutter, Leslie Farley. Weil sie sich ihrem himmlischen Vater geöffnet hat, konnte ich schon früh das Echte schmecken. Ich bin dankbar für den Geist der Gnade, den sie in unserem Zuhause verbreitete, als ich noch klein war.

Mein Dank gilt auch den Leitern von Ecclesia. Ihre Unterstützung und Ermutigung waren unerlässlich für die Fertigstellung dieses Buchs. Ganz besonders danke ich Rex Kennedy für seine Ermutigung in all den Jahren und Chip Polk für seinen brennenden Eifer, diese Botschaft durch sein Ragtown Gospel Theater zu verbreiten.

Ich danke Olaf Johannson von *spoon design* für den Entwurf des deutschen Buchcovers und ganz besonderes Beth Jusino von Alive Communications.

Ich danke Andy Meisenheimer von Zondervan, durch dessen Hilfe dieses Buch *so* viel besser wurde. Darüber hinaus bin ich Dirk Buursma und Beth Shagene dankbar für ihre Aufmerksamkeit fürs Detail und ihre Sorgfalt beim Korrekturlesen. Mein Dank geht außerdem an Maureen Girkins, Dudley Delffs, Ginia

Hairston, Tom Dean, Mike Salisbury, Robin Geelhoed und Jackie Aldridge für die Zusammenarbeit. Ich habe mit ihnen tolle Erfahrungen gemacht. Es gibt wohl kaum einen anderen Verlag, der mich besser unterstützt hätte.

STIMMEN ZUM BUCH

»Woher weiß man als Segler, ob man hart am Wind segelt? Die Frau des Autors – selbst eine Seglerin – kann es uns sagen. Das Segelboot gleitet übers Wasser. Woher weiß man, dass es gleitet? Man hört das Flattern der Segel. Dieses Buch zeigt uns, wie wir die Segel unseres Lebens in den Wind der Wahrheit setzen und hart am Wind des Geistes Gottes segeln können. Lies es und hör das Flattern der Segel.«

– **Leonard Sweet**, Autor des Bestsellers *So Beautiful: Divine Design for Life and the Church*

»Unsere Gesellschaft schreit nach ›Produktivität!‹. Auch die Gemeinde hat sich dieses Mantra oft zu Eigen gemacht und weitergegeben. Häufig gebrauchen wir zwar das Wort Gnade, verstehen aber selten seine Tiefe und wahre Bedeutung. In *Das nackte Evangelium* lässt Andrew Farley die Hüllen der Religion fallen und zeigt uns, was Gott für uns vorbereitet hat: Glauben und Freiheit in einem Leben voller Freude und Fülle.«

– **Anne Jackson**, Sprecherin und Autorin von *Mad Church Disease*

»Was für ein großartiges Handbuch, um den ganzen religiösen Schwindel loszuwerden und auf diesem Weg ein ganz normaler Mensch sowie zugleich ein gesunder Christ zu werden.«

– **Steve Arterburn**, Gründer und Vorsitzender von New Life Ministries

»Als ich Andrew Farleys Buch *Das nackte Evangelium* las, brachte es mich dazu, auf meine eigene glaubensverändernde Begegnung mit Jesus zurückzublicken: Auf den Anfang, als ich begriff, wie unerhört es war, neues Leben zu erhalten. Diese Botschaft veränderte mich völlig, darum freue ich mich so sehr über Andrews Buch – ein biblisch zentriertes Handbuch zur Freiheit für den festgefahrenen Christen von heute. Wenn du keine Lust mehr darauf hast, die Maske des ›Superchristen‹ zu tragen, wenn du erschöpft und innerlich entmutigt bist, dann lies dieses Buch und erlebe die Freiheit, die Jesus bringt.«

– **Mary DeMuth**, Autorin von *Daisy Chain*

»*Das nackte Evangelium* ist ein intelligentes und völlig faszinierendes Buch. Deine Gemeinde oder Kleingruppe kann von der darin enthaltenen Weisheit und seinen Ideen stark profitieren. Dieses Buch ist ein Muss!«

– **Dave Stone**, Seniorpastor der Southeast Christian Church

»Die Botschaft, die Andrew Farley in *Das nackte Evangelium* bringt, ist für die heutige Gemeinde lebensnotwendig und absolut wichtig für ein erfülltes und authentisches Christus-zentriertes Leben.«

– **John Best**, Doktor der Theologie, ehem. Professor für neutestamentliche Literatur und Exegese am Dallas Theological Seminary

»Seit mehr als drei Jahren moderiere ich zusammen mit Dr. Andrew Farley Radio- und Fernsehsendungen. Gott hat diesen einfühlsamen Lehrer und Autor mit der Fähigkeit begabt, die Schrift mit bemerkenswerter Einfachheit auszulegen. Die Klarheit seiner Worte ist dazu bestimmt, den Geist jedes Gläubigen zu erfrischen und die Verlorenen herbeizurufen. Das Buch greift das Herz seiner Botschaft auf und trifft den Nerv der Zeit, weil die Vereinigten Staaten und eigentlich die gesamte Welt nach Antworten hungert. *Das nackte Evangelium* ist die unverblümte Wahrheit.«

– **Chip Polk**, Mitbegründer und Dramatiker des Ragtown Gospel Theater

Andrew Farley

Gott ohne Religion

Kann es wirklich so einfach sein?

304 Seiten, gebunden
ISBN: 978-3-943597-00-4
Bestellnummer: 371700

Für Andrew Farley war das Leben als Christ einst vor allem ein zermürbender Versuch, Gott um jeden Preis zu gefallen – unerbittliche, knallharte Religion. Die Folge waren geistliche Erschöpfung, Frust und zudem bittere Enttäuschung über die Gemeinde.
Mitten in seinem Fragen und Zweifeln entdeckte er dann aber etwas, das alles veränderte: die Wirklichkeit der befreienden, bedingungslosen Gnade Gottes. Er lernte, was es bedeutet, in Christus zur Ruhe zu kommen, und wie die Freude an Gottes persönlicher Nähe den Alltag verwandeln kann.

»Gott ohne Religion« ist ein lebensnahes Buch, das weit verbreitete, falsche religiöse Vorstellungen über Gott und den Glauben entlarvt. Es erklärt,

- was leben aus dem Geist wirklich bedeutet
- was es mit Gottes Gericht, seinen Belohnungen und Strafen tatsächlich auf sich hat
- wie die Botschaft von der Gnade Mut machen und Christen verbinden kann.

Farley nimmt kein Blatt vor den Mund und zeigt, wie heilsam die Wahrheit bei diesen umstrittenen Themen ist.

www.gracetoday.de

Rob Rufus

Ergreife das Unerreichbare

Sei bereit, deine Zeit ist gekommen

208 Seiten, Taschenbuch
ISBN: 978-3-943597-30-1
Bestellnummer: 371730

Geht nicht, gibt's nicht: Dieser flapsige Spruch bekommt für
Christen eine neue Dimension. Rob Rufus schreibt davon, wie
jene Kraft Gottes, die Jesus vom Tod erweckt hat, auch heute
noch wirkt. Sein Buch ist ein mitreißender Appell an alle, die ihr
Vertrauen auf Gott setzen, sich nach dem Unerreichbaren auszu-
strecken. Die Gemeinde Jesu ist aufgerufen, schon jetzt ihr recht-
mäßiges Erbe anzutreten, Zeichen und Wunder zu wirken und
Unmögliches zu vollbringen. So stellt sie sich in aller Autorität
dem Unheil und Bösen in der Welt entgegen und verwandelt die
Kultur, welche sie umgibt.

»Dieses Buch wird deinem Glauben
neues Feuer bringen.«

Wayne Duncan – Pastor und Autor von *A Matter of Life and Death*

www.gracetoday.de

Paul Ellis

Das Evangelium
in zehn Wörtern

256 Seiten, gebunden
ISBN: 978-3-943597-45-5
Bestell-Nummer: 371745

In Christus sind wir geliebt, versöhnt, gerettet, vereint mit ihm, angenommen, heilig, gerecht, der Sünde gestorben, neu und königlich. Kann es eine schönere Botschaft geben? In einer Zeit, in der klare Worte über die Liebe Gottes rar geworden sind, erinnert Paul Ellis an die überwältigende Wahrheit von der einfachen, köstlichen Gnade und der brennenden Leidenschaft Gottes für jeden von uns. Sein Buch ist eine Einladung, zum unverfälschten Evangelium der Apostel zurückzukehren.

Ellis nimmt seine Leser mit auf eine Entdeckungstour durch die himmlischen Schatzkammern des göttlichen Erbarmens und der Freundlichkeit des Höchsten – und er lässt sie vor der atemberaubenden Güte Gottes erschauern. Er erklärt, wie wir im Wohlgefallen Gottes leben und in allen Bereichen des Lebens Freiheit erfahren können. Es lohnt sich, Ellis auf dieser Reise zu begleiten und herauszufinden, wozu man eigentlich da ist. Das aufregende Abenteuer eines Lebens in der Liebe kann beginnen!

www.gracetoday.de

Judah Smith

Jesus ist

Das Menschsein neu entdecken

256 Seiten, Taschenbuch
ISBN: 978-3-943597-50-9
Bestellnummer: 371750

JESUS IST _____.

WIE WÜRDEST DU DIESEN SATZ ZU ENDE BRINGEN?

Deine Antwort könnte Aufschluss darüber geben, wie du zu dem wirst, wozu du geschaffen wurdest.

In diesem Buch füllt Judah Smith die Satzlücke mit immer neuen Eigenschaften Jesu und offenbart dadurch sein Wesen.

Smith schreibt als dein Freund und will so dem modernen Menschen die Bedeutung der Botschaft Christi erläutern. Dieses Buch richtet sich an Menschen, die ihren Weg als Christ gerade erst begonnen haben oder schon ein Leben lang dabei sind. Und es ist auch für all die geschrieben, die einfach nur neugierig sind.

Judah Smith zeigt uns, dass Jesus anders ist, als er in vielen düsteren Gemälden und Liedern dargestellt wird. Mit Leidenschaft, Humor und Überzeugung zeigt er uns, dass Jesus das Leben ist. Jesus ist Gnade. Jesus ist dein Freund.

Jesus ist: das Menschsein neu entdecken.

www.gracetoday.de